Hanjo Hamann

# Die Behandlung des cash pooling vor und nach dem MoMiG

## Alte und neue Probleme bei der Anfechtung aufsteigender Darlehen nach § 135 InsO

**Hamann, Hanjo: Die Behandlung des cash pooling vor und nach dem MoMiG: Alte und neue Probleme bei der Anfechtung aufsteigender Darlehen nach § 135 InsO, Hamburg, Igel Verlag RWS 2014**

Buch-ISBN: 978-3-95485-161-4
PDF-eBook-ISBN: 978-3-95485-661-9
Druck/Herstellung: Igel Verlag RWS, Hamburg, 2014
(1. Auflage 2008)

**Bibliografische Information der Deutschen Nationalbibliothek:**
Die Deutsche Nationalbibliothek verzeichnet diese Publikation in der Deutschen Nationalbibliografie; detaillierte bibliografische Daten sind im Internet über http://dnb.d-nb.de abrufbar.

© Igel Verlag RWS, Imprint der Diplomica Verlag GmbH
Hermannstal 119k, 22119 Hamburg
http://www.diplomica.de, Hamburg 2014
Printed in Germany

# Inhaltsverzeichnis

# Abkürzungsverzeichnis

| | |
|---|---|
| arg e | argumentum e contrario |
| B | Beilage |
| BDI | Bundesverband der Deutschen Industrie e.V. |
| B/H | Baumbach/Hueck |
| B/H/M | Baumbach/Hopt/Merkt |
| BK | Berliner Kommentar zur InsO (*sub* Breutigam/Blersch/Goetsch/Haas) |
| BT-Drs | Bundestagsdrucksache |
| *cash pool* | Die nachstehende Arbeit versteht *cash pooling* als Methode und meidet deshalb den Begriff *cash pool*, der eine besondere Subjektsqualität suggeriert. Soweit er dennoch auftaucht, bezeichnet er den ein konzernweites *cash pooling* betreibenden Konzern. |
| CPA | *cash-pooling*-Abrede |
| DAV-HRA | Deutscher Anwaltverein (DAV) e.V., Handelsrechtsausschuss |
| DAV-IRA | Deutscher Anwaltverein (DAV) e.V., Insolvenzrechtsausschuss |
| DJT | Ständige Deputation des Deutschen Juristentages (Hsg.): Verhandlungen des Sechsundsechzigsten Deutschen Juristentages Stuttgart 2006, München 2006 |
| ...-E | Entwurfsfassung nach MoMiG, unter III.4.a.cc.4) nach NovRegE |
| FK | Frankfurter Kommentar zur InsO (*sub* Wimmer) |
| Frist | Die Zeitbestimmung in § 135 I Nrn. 1, 2 InsO-E ist weder Ausschluss- noch Verjährungsfrist, wird nachfolgend aber unter einen weiteren Fristbegriff gefasst. |
| GDV | Gesamtverband der Deutschen Versicherungswirtschaft e.V. |
| GmbHGuaÄndG | Gesetz zur Änderung des Gesetzes betreffend die Gesellschaften mit beschränkter Haftung und anderer handelsrechtlicher Vorschriften v. 4.7.1980, BGBl. I S. 836 |
| GK | Großkommentar zur InsO (*sub* Jaeger/Henckel) |
| H | Heft |
| HdbGesR3 | Priester/Mayer (Hsg.): Münchener Handbuch des Gesellschaftsrechts, Band 3: Gesellschaft mit beschränkter Haftung, 2. Aufl., München 2003 |
| HdbInsAnfR | Bork (Hsg.): Handbuch des Insolvenzanfechtungsrechts, Köln 2006 |
| HdbKapErsR | v. Gerkan/Hommelhoff (Hsg.): Handbuch des Kapitalersatzrechts, 2. Aufl., Köln 2002 |
| HdbKFin | Lutter/Scheffler/Schneider (Hsg.): Handbuch der Konzernfinanzierung, Köln 1998 |
| HK | Heidelberger Kommentar zur InsO (*sub* Eickmann) |
| HoldHdb | Lutter (Hsg.): Holding-Handbuch. Recht, Management, Steuern, 4. Aufl., Köln 2004 |
| InsO | Insolvenzordnung v. 5.10.1994, BGBl. I S. 2866 |
| InsO-RegE | Gesetzentwurf der Bundesregierung „einer Insolvenzordnung" v. 15.4.1992, BT-Drs. 12/2443 |
| InsRHdb | Gottwald (Hsg.): Insolvenzrechts-Handbuch, 3. Aufl., München 2006 |
| K/P | Kübler/Prütting |
| L/H | Lutter/Hommelhoff |
| MK | Münchener Kommentar zur InsO (*sub* Kirchhof/Lwowski/Stürner) |
| MKBGB | Münchener Kommentar zum BGB (*sub* Säcker/Rixecker) |

| | |
|---|---|
| MoMiG | Gesetz(entwurf) zur Modernisierung des GmbH-Rechts und zur Bekämpfung von Missbräuchen idF der Beschlussempfehlung des Rechtsausschusses v. 24.6.2008, BT-Drs. 16/9737 |
| NovRegE | Gesetzentwurf der Bundesregierung „zur Änderung des Gesetzes betreffend die Gesellschaften mit beschränkter Haftung und anderer handelsrechtlicher Vorschriften" v. 15.12.1977, BT-Drs. 8/1347 |
| N/R | Nerlich/Römermann |
| öEKEG | österreichisches Bundesgesetz über Eigenkapital ersetzende Gesellschafterleistungen (Eigenkapitalersatz-Gesetz) v. 28.10.2003, öBGBl. I Nr. 92/2003 |
| PRS | Polster-Grüll u.a. (Hsg.): Cash pooling. Praxis, Recht und Steuern, Wien 2002 |
| R/A | Roth/Altmeppen |
| RegE | Gesetzentwurf der Bundesregierung „zur Modernisierung des GmbH-Rechts und zur Bekämpfung von Missbräuchen" v. 25.7.2007, BT-Drs. 16/6140 |
| StN | Stellungnahme zum MoMiG-Entwurf |

**Andere Abkürzungen nach**

*Kirchner/Butz*: Abkürzungsverzeichnis der Rechtsprache, 5. Aufl. 2003 und

*Steinhauer*: Duden. Das Wörterbuch der Abkürzungen, 5. Aufl. 2005.

# Alte und neue Probleme bei der Anfechtung aufsteigender Darlehen nach § 135 InsO

## I.   EINLEITUNG

Im angloamerikanischen Raum wurden zur effizienten Finanzverwaltung von Konzernen verschiedene Optimierungstechniken entwickelt, die herkömmlich unter dem Begriff *cash management* zusammengefasst werden. Zentraler Pfeiler dessen ist die als *netting* oder *clearing* bezeichnete zentrale Skontration konzerninterner Forderungen, die Transaktionskosten spart, unrentablem *float* vorbeugt und die Finanzverwaltung der Konzerngesellschaften entlastet.[1]

Besondere Bedeutung erlangt das *netting*, wenn konzernweit *cash pooling* betrieben wird. Neben den wirtschaftlichen und rechtlichen Grundlagen dieses Verfahrens (II.1, 2) ist zu erörtern, wie sich das MoMiG darauf auswirkt (II.3, III.).

## II.   GRUNDLAGEN

### 1.   Wirtschaftliche Funktion

Als *cash pooling* wird eine Liquiditätssteuerung bezeichnet, die Synergien im Konzern nutzt, indem das per Saldo ermittelte Ergebnis aller Konzerngesellschaften periodisch an das sog. Zielkonto der konzerninternen Betreibergesellschaft abgeführt wird („Zusammenfassung" der Konzernkonten)[2].

Diese Querfinanzierung alloziert die vorhandene Liquidität effizient und vermeidet Aufwand in Höhe der Differenz zwischen Haben- und Soll-Zinsen auf die Zahlungsverkehrskonten (sog. Bankenmarge) – bis zu dreistellige Millionenbeträge.[3] Auch verkürzt *cash pooling* die Bilanzsumme, verbessert die KWG-Verschuldensstatistik, andere Finanzkennziffern sowie *ratings* und konzentriert die Kreditlinien auf den *cash-pool*-Führer,[4] stärkt also dessen Verhandlungsposition gegenüber Fremdkapitalgebern (Volumeneffekt).

Andererseits belastet *cash pooling* die Teilnehmer mit dem Bonitätsrisiko des Gesamtpools (sog. Klumpenrisiko) und ermöglicht den Entzug dringend benötigter Liquidität bei gleichzeitigem Fehlen eigener Fremdkapitalversorgung sowie die Herstellung eines Haftungsverbunds;[5] sinnvoll ist es deshalb nur im kurzfristigen Finanzmanagement.[6]

---

[1]   Vgl THEISEN HoldHdb Rn 11.39; HANGEBRAUCK 34; BLÖSE GmbHR 02, 675 f.
[2]   RITTSCHER 24; WEHLEN HdbKFin Rn 23.28.
[3]   BDI/GDV StN 15; HANGEBRAUCK 41 ff.
[4]   Vgl BDI/GDV StN 15.
[5]   DECKART 11 ff; VETTER HoldHdb Rn 8.3.
[6]   VETTER HoldHdb Rn 8.55.

## 2. Rechtliche Konstruktion

Die *cash-pooling*-Abrede (i.F. „CPA") ist ein Rahmenvertrag iSv § 311 I BGB, der die Parteien faktisch konzernieren kann.[7] Er verpflichtet den Poolführer, periodisch alle negativ saldierten Zahlungsverkehrskonten der Poolmitglieder durch absteigende Darlehen[8] (*downstream loan*) auszugleichen und ggf. Drittmittel aufzunehmen, während die Mitglieder im Gegenzug versprechen, dem Poolführer etwaige Habensaldi als aufsteigende Darlehen (*upstream loan*) zu geben.[9]

Je nach Gestaltung kann die CPA als Geschäftsbesorgungsvertrag iSd §§ 675 I, 611 BGB den Poolmitgliedern eine offene Kreditlinie (§ 488 BGB) mit bestimmtem Kreditrahmen einräumen.[10] Diese Konstruktion erklärt aber nicht die Pflicht der Teilnehmer, ihrerseits Liquidität abzuführen. Plausibel ist daher auch die Konstruktion einzelner Darlehensverträge, die konkludent durch Abruf und Valutierung geschlossen werden.[11] Die jedenfalls entstehenden Ansprüche aus § 488 I 2 BGB werden in ein Kontokorrent iSv § 355 HGB eingestellt und verrechnet iSv § 389 BGB (*netting*).[12]

Diese Grundstruktur erlaubt viele Gestaltungen;[13] i.F. liegt das wohl übliche[14] physische *zero-balance pooling*[15] zugrunde, das die Obergesellschaft eines zweistufigen[16] Konzerns unter Beteiligung aller Untergesellschaften täglich durchführt.

## 3. Auswirkungen des MoMiG

Das MoMiG soll das „ökonomisch sinnvolle"[17] *cash pooling* stärken, nachdem jüngere BGH-Judikatur sogar den Vorsitzenden des zuständigen Senats den „Tod der … als sinnvoll angesehenen cash pool Systeme" befürchten ließ.[18]

Explizit geschieht das nur in zwei Teilbereichen des Kapitalschutzes (dazu gleich a.), auf die sich sogar manche Literatur zu „Auswirkungen [des MoMiG] auf das Cash-Pooling"[19] beschränkt. Eine Arbeit zur Behandlung des *cash pooling* darf hier aber nicht stehen bleiben, denn selbstredend hat der umfassendere Reformauftrag des MoMiG weitere Auswirkungen auf *cash-pooling*-Konzerne (b.).

---

[7] HANGEBRAUCK 64 f; DECKART 17 f.
[8] Zu Alternativen (Realvertrag, Auftrag, Verwahrung, *sui generis*) HANGEBRAUCK 52 ff; FAßBENDER 30 ff.
[9] HANGEBRAUCK 59 f.
[10] RITTSCHER 31 f; SCHNEIDER HdbKFin Rn 25.14; **aA** HOMMELHOFF WM 84, 1106.
[11] MKBGB-BERGER v § 488 Rn 32.
[12] KLINCK/GÄRTNER NZI 08, 457 Fn 6.
[13] Vgl OHO/EBERBACH DB 01, 825 f.
[14] So JÄGER DStR 00, 1653.
[15] Abgrenzungen bei AMMELUNG/KAESER DStR 03, 657; RIEDER PRS 41 ff.
[16] Mehrstufig bei FAßBENDER 164 ff.
[17] RegE 96, 98.
[18] GOETTE StN 8; **aA** noch DERS DStR 06, 768.
[19] BAYER/LIEDER GmbHR 06, 1121.

Eine der Änderungen wird schließlich auszuwählen (c.) und die durch sie aufgeworfenen Rechtsprobleme in gebotener Breite zu untersuchen sein (III.).

**a.  Beabsichtigte Stärkung des *cash pooling***

**aa.  Kapitalerhaltung: bilanzielle Betrachtung**

Zentral geht es im MoMiG um das sog. November-Urteil,[20] mit dem der BGH der bis dato herrschenden Ansicht entgegentrat, die Kapitalerhaltung schütze das Gesellschaftsvermögen rein wertmäßig, weshalb ein bilanzieller Aktivtausch nie „Auszahlung" iSv § 30 I GmbHG sei.[21]

Der BGH sah mit der Gegenansicht[22] auch die reale Vermögenssubstanz durch die Kapitalerhaltung geschützt.[23] Gesellschafterdarlehen seien danach unabhängig von der bilanziellen Werthaltigkeit des Rückgewähranspruchs eine Auszahlung, die gem. § 30 GmbHG nur aus ungebundenem Vermögen zulässig sei.[24]

Schon bald wurde diese Judikatur auf das *cash pooling* erstreckt,[25] das schon im Ansatz darauf beruht, den Poolmitgliedern kein ungebundenes Vermögen (*vulgo* Liquidität) zu belassen. Dagegen schreiten Artt. 1 Nr. 20, 5 Nr. 5 MoMiG ein und führen in §§ 30 I 2 Var. 2 GmbHG-E, 57 I 2 Var. 2 AktG-E zur bilanziellen Betrachtungsweise zurück.

**bb.  Kapitalaufbringung: verdeckte Sacheinlage, Hin- und Herzahlen**

Auch iRd Kapitalaufbringung berücksichtigt das MoMiG das *cash pooling*.[26] So ist bisher die Behandlung von Stammeinlagen problematisch, die die Mutter morgens *als Gesellschafterin* leistet und abends *als cash-pool-Führerin* zurückerhält.

Wird die Tochter dadurch von einem debitorischen Poolkontokorrentsaldo frei, liegt hierin eine sog. verdeckte Sacheinlage des Saldoanspruchs analog § 19 V GmbHG.[27] Andernfalls wird das überwiegend abgelehnt[28] und sog. Hin- und Herzahlen ohne endgültig freie Verfügung analog § 7 III GmbHG angenommen.[29] Im Ergebnis besteht Einigkeit, dass die Einlagepflicht nicht erfüllt ist.

Dagegen ermöglicht Art. 1 Nr. 17 lit. c MoMiG nach § 19 IV GmbHG-E die Anrechnung des vom Gesellschafter bewiesenen Werts einer undeklarierten Sacheinlage auf die (nicht erfüllte) Einlagepflicht sowie nach § 19 V GmbHG-E

---

[20]  BGHZ 157, 72; vgl RegE 98.
[21]  So SCHMIDT 1133 f; HORMUTH 202; MORSCH NZG 03, 104 f.
[22]  SCHÖN ZHR 95, 362; JOOST ZHR 84, 33; STIMPEL FS GmbHG 349 f.
[23]  BGHZ 157, 72, 76; zust KERBER ZGR 05, 447.
[24]  BGHZ 157, 72 (Ls.).
[25]  BGHZ 166, 8 (Ls.); OLG München NZG 06, 195.
[26]  RegE 82, 96.
[27]  HÜFFER AG 04, 420; MAYER FS Priester 452; HELLWIG FS Peltzer 167.
[28]  **aA** GOETTE DStR 99, 1451; SIEGER/WIRTZ ZIP 05, 2278; HENTZEN DStR 06, 951.
[29]  Statt aller HANGEBRAUCK Fn 317 f.

das einlageschuldbefreiende Hin- und Herzahlen, wenn der Gesellschaft ein vollwertiger Rückzahlungsanspruch verbleibt – wie iRv § 30 GmbHG-E.

**b.     Weitere Auswirkungen der GmbHG-Reform**

**aa.    Existenzschutz: Geschäftsführerhaftung**

Das rein vermögensbezogene Kapitalschutzsystem schützt die Gesellschaft nicht vor planmäßigem Entzug ihrer Liquidität.[30] Deshalb hat der BGH eine Haftung für sog. existenzvernichtende Eingriffe entwickelt und etwa alle sieben Jahre in Grundsatzentscheidungen fort- und umgeschrieben.[31]

Dogmatisch zunächst auf eine Doppelanalogie zu §§ 302 f. AktG gestützt (sog. qualifiziert faktischer GmbH-Konzern), wurde sie später als Durchgriffshaftung wegen Rechtsformmissbrauchs und schließlich – aber auch früher „vorsichtshalber ab und zu"[32] – als Binnenhaftung iSv § 826 BGB eingeordnet.[33]

Haftungsbegründend kann der schon im Ansatz planmäßige Liquiditätsentzug durch *cash pooling* sein,[34] ebenso aber die Herstellung eines Haftungsverbunds, Veranlassung zur Aufgabe eigener Bankkontakte oder Einbeziehung einer maroden Tochter ins *pooling*.[35] Daran ändert das MoMiG nichts.

Neben die an Gesellschafter gerichtete Existenzvernichtungshaftung jedoch stellen Artt. 1 Nr. 43 lit. b.bb, 5 Nr. 11 lit. b MoMiG eine Geschäftsleiterhaftung „für Zahlungen an Gesellschafter, soweit diese zur Zahlungsunfähigkeit der Gesellschaft führen mussten" in §§ 64 S. 3 GmbHG-E, 92 II 3 AktG-E, die zum Gläubigerschutz[36] die Organhaftung bei den Poolmitgliedern verschärft.

**bb.    Insolvenz: Behandlung von Gesellschafterdarlehen**

Bisher unterliegt Fremdkapital einer eigenkapitalähnlichen Sonderbehandlung, wenn es in der Krise der Gesellschaft von einem Gesellschafter gewährt (§ 32a I GmbHG) wurde, der mit mindestens 10 % beteiligt oder geschäftsführungsbefugt ist (Kleinbeteiligtenprivileg arg e § 32a III 2 GmbHG) und nicht zwecks Sanierung auch Eigenkapital zuschießt (Sanierungsprivileg arg e § 32a III 3 GmbHG). Die bei Fortführung in der Krise für geboten gehaltene Verbreiterung der Eigenkapitalbasis wird bilanziell fingiert und das „umqualifizierte" Fremdkapital nach hergebrachter Spruchpraxis in und außerhalb der Insolvenz den §§ 30 f. GmbHG analog unterworfen (sog. Rechtsprechungsregeln). Mit

---

[30]   Vgl. VETTER ZGR 05, 793; RÖHRICHT FS BGH 92 ff.
[31]   BGHZ 95, 330 („Autokran" 1985); BGHZ 122, 123 („TBB" 1993); BGHZ 149, 10 („Bremer Vulkan" 2001); BGHZ 173, 246 („Trihotel" 2007)
[32]   VETTER ZGR 05, 814.
[33]   R/A-ALTMEPPEN § 13 Rn 72 ff; GEHRLEIN WM 08, 761; DAUNER-LIEB DStR 06, 2035 ff; vgl auch HANGEBRAUCK 478 ff, 507 ff.
[34]   Vgl. HANGEBRAUCK 486 ff.
[35]   HANGEBRAUCK 485 f, 491 ff.
[36]   RegE 111.

fünf Differenzen in Tatbestand und Rechtsfolgen[37] gilt das selbe ab Insolvenzeröffnung nach § 32a I, III GmbHG und, als Umgehungsschutz vor mittelbaren Gesellschafterdarlehen, §§ 32a II, 32b GmbHG (sog. Novellenregeln).

Art. 1 Nr. 20 MoMiG schafft das umstrittene zweispurige Kapitalschutzsystem ab, indem § 30 I 3 GmbHG-E Gesellschafterdarlehen aus dem Kapitalerhaltungsrecht ausnimmt – für das *cash pooling*, das eben jene in absteigender Richtung syndiziert, die Komplementäränderung zu der unter a.aa. dargestellten.

Art. 9 Nrn. 5, 7-9 MoMiG konsolidieren, um künftig auch (Schein-)Auslandsgesellschaften zu erfassen,[38] die auf §§ 32a f. GmbHG, 129a, 172a HGB, 39, 135 InsO verteilte insolvenzrechtliche[39] Sonderbehandlung von Gesellschafterdarlehen, ohne noch nach deren Gewährung in der Krise zu fragen. Vielmehr stellt § 39 I Nr. 5 InsO-E alle Gesellschafterdarlehen nachrangig; ihre Befriedigung oder Sicherung ist nach § 135 I InsO-E allein deshalb anfechtbar, weil die Gesellschaft vor Fristablauf insolvent wurde. Mittelbaren Gesellschafterdarlehen begegnen die §§ 44a, 135 II, 143 III InsO-E (ex § 32a II, 32b GmbHG). Sanierungs- und Kleinbeteiligtenprivileg gelten in § 39 IV 2, V InsO-E fort.

Für das nicht eröffnete Insolvenzverfahren stellen Art. 11 Nrn. 1, 3 MoMiG den Gläubigern das selbe Anfechtungsregime in §§ 6, 6a, 11 III AnfG-E bereit.

Schließlich entscheidet Art. 9 Nr. 4 MoMiG für das Vorfeld der Insolvenz den Streit, ob die Passivierung von Gesellschafterdarlehen im Überschuldungsstatus (§ 19 InsO) schon bei gesetzlichem Rangrücktritt iSv § 39 I Nr. 5 InsO unterbleiben kann,[40] oder ob es eines Forderungsverzichts[41] oder rechtsgeschäftlichen Rangrücktritts[42] in den Rang entweder des § 39 I Nr. 5 InsO,[43] des § 39 II InsO,[44] oder gar des § 199 S. 2 InsO[45] bedarf: § 19 II 3 InsO-E verlangt einen vertraglichen Rücktritt in den Rang des § 39 II InsO(-E). Unklar bleibt dabei, ob Gesellschafter *neben* oder *hinter* Drittgläubiger treten sollen, die einen Rangrücktritt erklärt haben. Da § 19 II 3 InsO-E die Rechtsprechung zum qualifizierten Rangrücktritt fortführen soll,[46] ist letzteres anzunehmen.

c.   **Fazit**

Die Auswirkungen des MoMiG auf das *cash pooling* sind vielgestaltig. Jedoch wurden die Folgefragen der unter a.aa., a.bb. und b.aa. dargestellten Entwick-

---

37   Uhlenbruck-HIRTE § 135 Rn 5; **krit** HAAS DJT E61 ff.
38   RegE 137 f verweist auf Artt 3 I, 4 I EuInsVO.
39   HAAS NZI 01, 1; ULMER NJW 04, 1201; RÖHRICHT ZIP 05, 512 mwN in Fn 60; **aA** MÜLLER NZG 03, 417; ZIMMER NJW 03, 3589.
40   So FLEISCHER ZIP 96, 778; HIRTE DStR 00, 1830.
41   InsO-RegE 115; KLING NZG 00, 873.
42   WESTERBURG/SCHWENN BB 06, 502; SCHMIDT GmbHR 99, 11.
43   FLEISCHER JZ 01, 1193; HABERSACK/MAYER NZG 01, 366; PAULUS ZGR 02, 327.
44   HEERMA BB 05, 541; ALTMEPPEN ZIP 01, 241; DERS ZHR 00, 373 f.
45   BORK FS Röhricht 54; KLEIN GmbHR 05, 665; HÖLZLE GmbHR 05, 853 Fn 15.
46   BGHZ 146, 264, 273; vgl RegE 104 f.

lungen erst kürzlich umfassend monographisch aufgearbeitet.[47] Daher möchte ich Kapitalaufbringung,[48] Kapitalerhaltung[49] und Existenzschutz[50] iRd *cash pooling* ausklammern und mich nur der unter b.bb. vorgestellten Thematik widmen.

## III. Aufsteigende Darlehen und § 135 InsO-E

Die Insolvenz eines Poolführers gefährdet die gesamte Konzernfinanzierung.[51] Auch ein Poolmitglied kann aber in Krise und Insolvenz geraten.[52] Auf diesen Fall – wegen der größeren Zahl von Konzerntöchtern häufiger, aber aufgrund des sog. Dominoeffekts nicht zwingend weniger gravierend – möchte ich mich konzentrieren und die Folgefragen einer Insolvenz der Mutter ausblenden.[53]

Als einziger Gläubiger ist der insolventen Tochter ihre Mutter gesellschaftsrechtlich verbunden. Die schuldrechtlichen Außenbeziehungen iRd *cash pooling* – wirtschaftlich betrachtet Konzerninnenbeziehungen – sollen keinen synallagmatischen Interessen*gegensatz* ausgleichen (*causa mutui*), sondern Synergien für *gemeinsame* Konzerninteressen effektuieren (*causa societatis*). Das Insolvenzrecht muss deshalb entscheiden, inwieweit jene „unecht synallagmatischen" Darlehen zur Wahrung der *par conditio creditorum* einer Sonderbehandlung unterliegen.

Aus diesem Themenbereich ist zunächst eine Frage einzugrenzen (1.), bevor Prämissen und Methode der weiteren Untersuchung (2.) dargelegt werden.

### 1. Abgrenzung der Fragestellung

Der Insolvenzantrag schließt die Tochter vom *cash pooling* aus,[54] praktisch relevant sind also nur zuvor begründete Forderungen. § 39 I Nr. 5 InsO-E stellt diese nachrangig; Probleme bereitet hier nur eine vorgängige Deckung. Daher erörtere ich allein die Insolvenzanfechtung[55] solcher Deckungshandlungen.

Keine Spezifika des *cash pooling* und deshalb hier zu vernachlässigen sind die Anfechtung aufsteigender Sicherheiten[56] und solcher des Gesellschafters für Drittdarlehen (§§ 44a, 135 II InsO-E).[57] Vom übrigen Anfechtungsregime der §§ 129 ff. InsO ist nur § 135 InsO durch das MoMiG betroffen; auf ihn werde

---

47    HANGEBRAUCK passim, auf Stand des RegE.
48    Dazu BGHZ 166, 8; SIEGER/HASSELBACH BB 99, 645; GEHRLEIN MDR 06, 789; PRIESTER ZIP 06, 1557; MAIER-REIMER/WENZEL ZIP 08, 1449.
49    Dazu BGHZ 157, 72; WILHELM DB 06, 2729; PENTZ ZIP 06, 781; GRUNEWALD WM 06, 2333; SCHÄFER BB 06, B.7, 5.
50    Dazu BGHZ 149, 10; BURGARD und VETTER VGR 02, 45 ff; MARITZEN 22 ff.
51    Vgl KÜBLER ZGR 84, 561 (AEG).
52    Fälle bei SCHNEIDER HdbKFin Rn 25.31.
53    Dazu EICHHOLZ 161 ff; RITTSCHER 190 ff.
54    FASSBENDER 38; ALTMEPPEN ZIP 06, 1033.
55    Zur Gläubigeranfechtung oben II.3.b.bb. und SCHIFFER BB 06, B.7, 18.
56    Dazu SCHILMAR DB 04, 1415; FLESNER NZG 06, 645 f; WESSELS ZIP 06, 1701; TILLMANN NZG 08, 401.
57    Dazu BORK ZGR 07, 260 f; R/A-ALTMEPPEN § 32b Rn 8 ff; FASSBENDER 77 ff.

ich mich daher beschränken und andere Anfechtungstatbestände übergehen.[58] § 135 I InsO-E setzt bereits ein absteigendes (Gesellschafter)Darlehen voraus, also kann es nur um die Anfechtung aufsteigender Darlehen gehen.

Rechtstatsächlich werde ich mich auf den faktischen Nur-GmbH-Konzern als wichtigste[59] Domäne des *cash pooling* beschränken. Der rechtsformübergreifende Ansatz des MoMiG betrifft aber alle faktischen[60] *cash-pooling*-Konzerne ähnlich.

Die Fragestellung lautet also: Welche Probleme ergeben sich iRv § 135 InsO-E für aufsteigende Darlehen einer später insolventen Tochter im GmbH-*cash-pool*?

## 2. Prämissen und Gang der Untersuchung

Die Untersuchung dieser Frage muss vom Grundkonflikt zwischen Drittgläubigern und konzerninternen Gläubigern ausgehen (s. vor 1.). Mangels vertraglicher Beziehung der Poolmitglieder untereinander[61] ist konzerninterne Gläubigerin einer Tochter nur ihre Mutter. Die Gläubigerstellung der Mutter setzt einen zu ihren Gunsten positiven Saldo des mit ihrer Tochter geführten Kontokorrents voraus. Dieser Saldo soll i.F. als „Poolsaldo" bezeichnet werden, um ihn vom „Tagessaldo" des zwischen der Tochter und der Konzernbank geführten Zahlungsverkehrskontos abzugrenzen. Auch jener Saldo muss zunächst positiv sein, damit ein aufsteigendes Darlehen in Betracht kommt.

Weiter ist zu erinnern, dass ausgereichte Darlehen nicht zurückgezahlt, sondern verrechnet werden (s.o. II.2.). Das oben II.3.b.bb. dargestellte Anfechtungsregime hilft nun nicht unmittelbar weiter, wenn die Mutter eine Einrede aus § 389 BGB hat. Das verhindert § 96 I Nr. 3 InsO, der arg e § 96 II InsO auch auf Aufrechnungen vor der Insolvenz anwendbar ist.[62] Jene sind insolvenzrechtlich unwirksam, wenn die Aufrechnungslage anfechtbar erlangt wurde. Damit ist doch wieder fraglich, ob die (zur Aufrechnungslage führende) Gewährung eines aufsteigenden Darlehens nach § 135 InsO-E anfechtbar ist.

Ausgehend von den oben II.3.b.bb. herausgearbeiteten Nova sind die rechtlichen Folgefragen des Verzichts auf die Kapitalersatzfunktion (3.) und der Abschaffung der Rechtsprechungsregeln (4.) für das *cash pooling* zu erörtern.

Zuletzt ist ein rechtspolitisches Problem zu behandeln, das auf § 135 InsO-E und damit auch das *cash pooling* zurückwirken könnte (5.), bevor die wesentlichen Ergebnisse in Thesen zusammengefasst werden (IV.).

---

[58] Dazu BGHZ 162, 276; Rittscher 168 ff.
[59] Klinck/Gärtner NZI 08, 457 Fn 4; **aA** wohl Fuhrmann NZG 04, 553.
[60] Zu vertraglichen Faßbender 134 ff.
[61] Ausf Hangebrauck 60 f; diff Kremslehner/Polster PRS 130 f.
[62] BGHZ 169, 158, 161; Bork Rn 127; **aA** Zenker NZI 06, 18 f; Ries ZInsO 05, 849; Gerhardt KTS 04, 199.

### 3. Verzicht auf die Kapitalersatzfunktion, Art. 9 Nr. 8 MoMiG

Bisher erfordert § 135 InsO ein absteigendes Krisendarlehen (a.). Künftig kommt es auf die Krise nicht mehr an. Zwar bleibt sie notwendiges Durchgangsstadium zur Insolvenz,[63] muss aber nur eine logische Sekunde dauern. Ob die Mutter als Gesellschafterin nun untragbare Risiken gewärtigt,[64] ist rein praktisch (b.) und mit Blick auf § 142 InsO (c.) zu hinterfragen.

### a. Besonderheiten des Kapitalersatztatbestands im *cash pool*

Das Merkmal „kapitalersetzend" setzt die Kreditunwürdigkeit der Gesellschaft („Krise" iSv § 32a I GmbHG) voraus,[65] transponiert also die gesamte Kapitalersatzdogmatik ins Insolvenzrecht – mit *cash-pooling*-spezifischen Folgefragen.

### aa. „Krise" – Vergleichsgrundlage der Kreditunwürdigkeit

Da Poolmitglieder meist eigene Kontakte zu Fremdkapitalgebern aufgeben, um die Konzernkredite beim Poolführer zu bündeln,[66] scheidet ein Marktvergleich zur Feststellung der Kreditunwürdigkeit aus. Immerhin kann das verbleibende Haftungs- und Sicherungspotential geprüft werden;[67] fraglich ist dann, ob die Pooleinbindung der Tochter zu berücksichtigen ist.

Zwar steht nur die Kreditwürdigkeit der einzelnen Gesellschaft, nicht die des Konzerns, in Rede.[68] Doch kann die Pooleinbindung genau wie andere wirtschaftliche Verbesserungen die Investitionsentscheidung Dritter beeinflussen.[69] Geriete der Konzern insgesamt in die Krise, dürfte der Drittvergleich auch das nicht ausblenden. Deshalb sollte der fiktive Dritte selbst entscheiden, welchen Wert er der Pooleinbindung beimisst; berücksichtigen sollte er sie.

### bb. „gewährt" – Stehenlassen im *cash pool* möglich?

Die Rechtsprechung sieht auch im Nichtabzug bereits gewährter Darlehen bei Kriseneintritt einen Kapitalersatz.[70] Dieses sog. Stehenlassen erfasst zunächst *pro*aktive Darlehen zur Vorfinanzierung. Solche jedoch kommen im rein *re*aktiven Kontenabgleich nicht vor. Denkbar sind Ausgleichsbuchungen aber auch vor der „Krise" im technischen Sinn; hier ist ein Stehenlassen möglich.

Möglich muss auch der Abzug der betroffenen Mittel, das Darlehen also fällig oder kündbar oder die Tochter liquidierbar sein.[71] Ein außerordentliches Kün-

---

63 HAAS StN 35.
64 So BURG/WESTERHEIDE BB 08, 63.
65 BGHZ 76, 326, 330; 119, 201, 206; 121, 31, 38.
66 JÄGER DStR 00, 1654; VETTER HoldHdb Rn 8.3; DECKART 12; HANGEBRAUCK 47.
67 BGHZ 105, 168, 180 – HSW; RITTSCHER 134.
68 HOMMELHOFF WM 84, 1107 f; JULA/BREITBARTH AG 97, 265; ZEIDLER 111.
69 RITTSCHER 134 f; **aA** SPINDLER ZHR 07, 271.
70 BGHZ 75, 334, 336; 109, 55, 60 f; 127, 336, 340 (stRspr); völlig **aA** GEBHARD DB 84, 1386 f; THÖNE DB 80, 2179; REINER FS Boujong 454.
71 BGHZ 104, 33, 37; Scholz-SCHMIDT §§ 32a,b Rn 50.

digungsrecht durch Ausschluss aus dem *pooling* sieht die CPA regelmäßig vor,[72] ergäbe sich aber mangels vertraglicher Regelung aus § 490 I BGB.

## cc. Subjektive Voraussetzungen

Strittig ist, ob das Stehenlassen subjektiv zurechenbar sein muss;[73] Befürworter verlangen die objektive Erkennbarkeit der Krise (d.h. subjektiv: Fahrlässigkeit iSv § 276 II BGB),[74] teils eine bewusste (also iSv § 276 I BGB vorsätzliche) Entscheidung des Gesellschafters,[75] oder gar eine wenigstens konkludente Stundungsvereinbarung.[76]

Die täglichen Kontobuchungen erfolgen automatisch, also ohne bewusste Entscheidung der Mutter; insoweit könnte man allenfalls die Zurechnung vorverlagern und die CPA als Zurechnungsgrund für spätere Buchungen ansehen. Jedenfalls aber handelte die Mutter wegen Nichtausübung der Kündigungs- und Ausschlussrechte (s.o. bb.) vorsätzlich, wenn sie die Krise erkannte. Das Erkannthaben wiederum wird – wie die Stundungsabrede – zumeist vermutet.[77]

## dd. Ausnahme für kurzfristige Überbrückungskredite?

Überbrückungskredite werden mitunter nicht als Bestandteil der Unternehmensfinanzierung angesehen und vom Kapitalersatz ausgenommen.[78] Die Gegenansicht sieht darin „überhaupt keinen Sinn"[79], denn *vorübergehender* Liquiditätsbedarf schließt schon die Kreditunwürdigkeit aus. Lag diese aber erkennbar vor, ist die Fristigkeit des Darlehens unerheblich; das Kapitalersatzrecht soll gerade jede Verlängerung des „Todeskampfes" der Gesellschaft durch den sich als Gläubiger gerierenden Gesellschafter verhindern.

Dessen ungeachtet betreffen absteigende Darlehen keine kurzfristigen Liquiditätsengpässe. Zwar „überbrücken" sie die Zeit bis zum nächsten Habensaldo; dies aber nicht einmalig, sondern planmäßig – darum verstehen einige die CPA als offene Kreditlinie (s.o. II.2.) und gehören absteigende Darlehen stets zur Unternehmensfinanzierung der systematisch unterkapitalisierten Töchter.[80]

## ee. Zwischenergebnis

Ist die Tochter unter Berücksichtigung ihrer Pooleinbindung kreditunwürdig, sind absteigende Darlehen idR „kapitalersetzend" iSv § 135 InsO.

---

[72]  RITTSCHER 43 f.
[73]  Dagegen WIEDEMANN ZIP 86, 1297; ALTMEPPEN ZIP 95, 26; v.GERKAN GmbHR 96, 401 f.
[74]  So BGH, stRspr (Fn 70).
[75]  OLG Hamburg NJW-RR 88, 46, 49.
[76]  HÜFFER ZHR 89, 335; RÜMKER ZIP 82, 1394; SCHMIDT ZIP 81, 692; GESSLER BB 80, 1391.
[77]  B/H-HUECK/FASTRICH § 32a Rn 40 ff.
[78]  BGHZ 31, 258, 268 ff; SCHMIDT ZHR 83, 188; UHLENBRUCK GmbHR 82, 151.
[79]  R/A-ALTMEPPEN § 32a Rn 72; GK-HENCKEL § 39 Rn 71; CLAUSSEN GmbHR 96, 317 f; **aA** BUCK 173 f.
[80]  FASSBENDER 92; HORMUTH 207.

## b. Praktische Bedeutung der Reform

Zu fragen ist nun, ob die Anfechtbarkeit ohne vorgängige Kreditunwürdigkeit den ihr zugeschriebenen „revolutionären Charakter"[81] auch in der Praxis hat.

Zunächst lässt die Zuständigkeitsverlagerung im BGH vom II. auf den IX. Zivilsenat keine gravierende Verschärfung der bisherigen Praxis erwarten.

Die Rechtsunsicherheit für Gesellschafter, künftig trotz größter Sorgfalt ggf. ihre Insolvenzquote zu verlieren, könnte dem *cash pooling* zwar einen „Todesstoß" versetzen.[82] Doch schätzen Gesellschafter schon bisher die Lage oft anders ein als Gerichte, die zwar *ex ante*,[83] aber „Jahre später nach ausführlicher Prüfung und zahlreichen … Schriftsätzen gewissenhafter Rechtsanwälte entscheiden".[84] Kaum höher ist das künftige Risiko einer plötzlichen Insolvenz im Jahr nach Darlehensrückführung – beide Fälle verlangen dem Gesellschafter eine vage Prognose ab, wie lange die Gesellschaft noch „durchhält".

Das spricht für die wohl überwiegende Ansicht,[85] dass das MoMiG „nichts Dramatisches verändert"[86] und nur für Kapitalersatzexperten unter den Gesellschaftern das Risiko spürbar erhöht, da sie künftig Überraschungen ebenso ausgesetzt sind wie ihre Mitgesellschafter. Dafür treffen Überraschungen künftig alle Gesellschafter gleichermaßen nur noch ein Jahr lang, weshalb das MoMiG sogar als „Haftungserleichterung" apostrophiert wird.[87]

## c. Anwendbarkeit des Bargeschäftsprivilegs § 142 InsO-E?

Zudem könnte die Verschärfung durch § 142 InsO-E abgefedert werden.

## aa. Vereinbarkeit der Wertungsgrundlagen

Das Bargeschäftsprivileg soll die Teilnahme am Geschäftsverkehr in der Krise offen halten.[88] Als Zweck des Kapitalersatzes dagegen gilt es, das Weiterwirtschaften in der Krise zu verhindern.[89] Weil das selbe Verhalten „nicht zugleich Haftungs- und Privilegierungsgrund sein" könne, gelte § 142 InsO nicht – erst das MoMiG löse mit Verzicht auf die Krise den Wertungswiderspruch.[90]

Gegen die letzte Annahme spricht, dass sich die MoMiG-Lösung ebenso gut als unwiderlegliche Vermutung der Krise verstehen lässt[91] (dazu noch 5.c.bb.). Allerdings ist die Argumentation i.Ü. schon nach geltendem Recht fragwürdig.

---

81   KALLMEYER StN A.
82   KLINCK/GÄRTNER NZI 08, 457.
83   GK-HENCKEL § 39 Rn 56.
84   SCHIFFER BB 06, B.7, 15; ähnlich GEHRLEIN BB 08, 846.
85   HUBER/HABERSACK BB 06, 2; HAAS ZInsO 07, 621; HECKSCHEN DStR 07, 1448.
86   SCHÄFER DStR 06, 2087.
87   GEHRLEIN BB 08, 853.
88   InsO-RegE 167.
89   BGHZ 109, 55, 58; HAAS DJT E57.
90   KLINCK/GÄRTNER NZI 08, 460 f.
91   So BORK ZGR 07, 257; KNOF ZInsO 07, 126.

Zunächst ist das Wirtschaften in der Krise nach § 142 InsO nicht „Privilegierungsgrund", sondern -folge. Sodann ist nicht einsichtig, warum der Haftungswillige nicht privilegiert werden sollte. Die Umqualifizierung hindert die Fortführung der Gesellschaft gerade nicht, sondern korrigiert nur eine vermeintlich unverantwortliche Entscheidung. Gesellschafter, die diese Korrektur anerkennen, soll das Kapitalersatzrecht nicht aufhalten, also widerspricht es auch § 142 InsO nicht generell. Zudem ist § 142 InsO durch das Merkmal „benachteiligen" in § 129 InsO verankert,[92] der Voraussetzung für die Anwendbarkeit von § 135 InsO ist; auch systematisch kann § 135 InsO also § 142 InsO nicht sperren.

Mithin ist § 142 InsO-E auch iRd § 135 InsO grundsätzlich anwendbar.

### bb. Tatbestandsvoraussetzungen

Gegenleistung iSv § 142 InsO könnten die absteigenden Darlehen sein.

### 1) Leistungsnexus und Kongruenz

Die absteigenden müssen „für das" aufsteigende Darlehen gewährt, also mit ihm durch Parteivereinbarung verknüpft,[93] sein. Die CPA verknüpft die Darlehen zwar nicht miteinander, aber jeweils mit dem Poolsaldo, der die früheren Darlehen beinhaltet. Damit liegt eine Verknüpfung vor.

Die Mutter kann den Tagessaldo der Tochter „in der Art" und „zu der Zeit" des *pooling* beanspruchen, erhält also arg e § 131 I InsO kongruente Deckung,[94] so dass dahinstehen kann, ob § 142 InsO inkongruente Deckungen erfasst.[95]

### 2) Unmittelbarkeit

Die Gegenleistung ist im engen zeitlichen Zusammenhang – im Kontokorrent binnen ein[96] oder zwei[97] Wochen – zu erbringen, um Vermögensumschichtungen (Bargeschäfte) von Kreditgeschäften abzugrenzen.[98]

### 3) Gleichwertigkeit

Wurde in dieser Zeit ein absteigendes Darlehen gewährt, muss es die Leistung, d.h. den Wert des aufsteigenden Darlehens, mindestens voll kompensieren.[99]

### d. Ergebnis

Der Verzicht auf die Kapitalersatzfunktion erhöht die Verlustrisiken der Mutter bei wirtschaftlicher Betrachtung kaum. Wird kurzfristig ein gleichwertiges absteigendes Darlehen gewährt, entfällt die Anfechtbarkeit nach § 142 InsO-E.

---

[92] RIGGERT FS Braun 140 f; K/P-PAULUS § 142 Rn 1.
[93] InsO-RegE 167.
[94] KLINCK/GÄRTNER NZI 08, 460.
[95] Dafür BORK FS Kirchhof 67; RIGOL/HOMANN ZIP 03, 16; ECKARDT ZIP 99, 1424; **aA** BGHZ 123, 320, 328 f; KAYSER ZIP 07, 49 f; RIGGERT FS Braun 156 f.
[96] BGH NJW 01, 1650, 1651 f.
[97] BGHZ 167, 190, 201.
[98] InsO-RegE 67; GK-HENCKEL § 142 Rn 15.
[99] MK-KIRCHHOF § 142 Rn 12.

**4. Abschaffung der Rechtsprechungsregeln, Art. 1 Nr. 20 MoMiG**

§ 30 I 3 GmbHG-E betrifft § 135 InsO-E nicht unmittelbar, legt aber Probleme offen, die im „Dornröschenschlaf"[100] des § 135 InsO nie praktisch wurden.

**a. Aufsteigende Darlehen im System des § 135 InsO-E**[101]

Das gilt zunächst für die Frage, ob aufsteigende Darlehen Sicherung oder Befriedigung iSv § 135 InsO-E gewähren. Noch sind getilgte Darlehen analog § 31 V 1 Var. 1 GmbHG zehn Jahre lang rückforderbar;[102] fortan müsste dazu ein Fall von § 135 I Nr. 1 InsO-E vorliegen.

**aa. Sicherung, § 135 I Nr. 1 InsO-E**

Da die Darlehensforderungen in ein Kontokorrent eingestellt werden und erst durch Verrechnung erlöschen, lässt das aufsteigende Darlehen die Forderungen der Mutter zunächst unberührt. Daraus wird gefolgert, das aufsteigende Darlehen gewähre der Mutter lediglich eine Verrechnungslage als „Sicherung".[103]

**bb. Befriedigung, § 135 I Nr. 2 InsO-E**

Dagegen nahm der BGH an, eine Bank erlange durch Einzahlung auf ein bei ihr debitorisch geführtes Konto des späteren Gemeinschuldners „aus dem Giroverhältnis Befriedigung".[104] Ähnlich könnten aufsteigende Darlehen durch Kürzung des debitorischen Poolsaldos „aus der CPA" Befriedigung gewähren.

**cc. Stellungnahme**

Mit der erstgenannten Ansicht müsste § 135 I Nr. 2 InsO-E jedenfalls atypische Gestaltungen der CPA erfassen, wonach die Darlehen nicht ins Kontokorrent eingestellt, sondern mit der Zweckbindung begeben werden, etwaige Gegenansprüche unmittelbar aus der Valuta zu tilgen.

Indes darf die Rechtsfolge des § 135 InsO-E nicht im Belieben der Parteien stehen, also die Einordnung nicht an das dispositive Zwei-Schritt-Verfahren der typischen CPA anknüpfen. Stattdessen ist § 135 InsO-E auszulegen.

**1) Wortlaut**

§ 135 InsO-E nennt die Darlehensgewährung nicht. Der natürliche Wortsinn schließt nicht aus, dass beide Varianten von Abs. 1 durch ein Rechtsgeschäft iSv § 488 BGB verwirklicht werden können. Die juristische Terminologie versteht „Befriedigung" als Rechtshandlung mit Tilgungswirkung,[105] „Sicherung" als Einräumung einer Rechtsposition, die den Leistungsanspruch fortbestehen

---

[100]  FISCHER ZGR 06, 417 f.
[101]  Zum Folgenden ausf HAMANN NZI 08, H.11.
[102]  **Krit** WENZEL 15 ff; BEZZENBERGER FS Bezzenberger 58.
[103]  KLINCK/GÄRTNER NZI 08, 459 f.
[104]  BGHZ 87, 246, 250.
[105]  HK-KREFT § 135 Rn 10; Michalski-HEIDINGER §§ 32a,b Rn 259; Scholz-SCHMIDT §§ 32a,b Rn 71.

lässt.[106] Auch diese Begriffsbildung erfasst aufsteigende Darlehen nicht eindeutig, obwohl und weil beide Begriffe weitestmöglich auszulegen sind.[107]

## 2) Systematik

Weil jede Aufrechnung die Erfüllung der Passivforderung bewirkt[108] und § 135 I Nr. 2 InsO-E nicht durch Erfüllungssurrogate umgangen werden darf,[109] muss der Begriff „Befriedigung" auch Aufrechnungen erfassen.[110] Dass deshalb aber die Darlehensgewährung nur Sicherung sein könne, ist eine *petitio principii*.

Für die Annahme einer Befriedigung dagegen sprechen der Vergleich mit einer Leistung erfüllungshalber, die auch unmittelbar keinen Anspruch erlöschen lässt und trotzdem als „Befriedigung" angesehen wird,[111] und die Rechtsprechung zum Debetkonto (s.o. bb.).

Letztere bezogen aber nicht klar Stellung; andernorts äußerte der BGH deutlicher, die Bank befriedige ihre Saldoforderung „durch Verrechnung".[112] Damit liegt es näher, das Herbeiführen der Verrechnungslage als Sicherung zu konstruieren[113] und erst in der Verrechnung die Befriedigung zu sehen.[114] Diese iRv §§ 130 f. InsO vertretene Konstruktion ist aber schon dort höchst fragwürdig, weil §§ 130 f. InsO zum Umgehungsschutz[115] auch Rechtshandlungen erfassen, die eine Befriedigung „ermöglichen". Der BGH musste nie zwischen „Befriedigung ermöglichen" und „Sicherung" differenzieren,[116] denn ebenso wie der frühere § 30 Nr. 1, 2 KO verwenden §§ 130 f. InsO „Sicherung oder Befriedigung" als feststehenden Topos (sog. Deckung) mit einheitlichen Rechtsfolgen.

## 3) Normzweck

Die letztgenannte Erkenntnis wirft die Frage auf, warum § 135 InsO-E als einziger Anfechtungstatbestand unterschiedliche Rechtsfolgen für Befriedigung und Sicherung vorsieht. Ein objektiver Zweck wurde noch nicht wissenschaft-

---

106 SCHOPPMEYER HdbInsAnfR Rn 7.19; N/R-NERLICH § 135 Rn 57; FK-DAUERNHEIM § 130 Rn 12.
107 RÜMKER HdbGesR3 Rn 52.65; Braun-DE BRA § 135 Rn 16.
108 MKBGB-SCHLÜTER § 387 Rn 1.
109 Braun-DE BRA § 135 Rn 16.
110 Uhlenbruck-HIRTE § 135 Rn 38; B/H-HUECK/FASTRICH § 32a Rn 77; weiter GK-WINDEL § 96 Rn 60: Befriedigung schon durch Aufrechnungslage.
111 MK-STODOLKOWITZ/BERGMANN § 135 Rn 76; Michalski-HEIDINGER §§ 32a,b Rn 259; BK-HAAS § 135 Rn 47; konsequent **aA** SCHOPPMEYER HdbInsAnfR Rn 7.18.
112 BGH ZIP 89, 785, 787; 05, 585, 586.
113 MK-KIRCHHOF § 130 Rn 9; SCHOPPMEYER HdbInsAnfR Rn 7.22,24; **aA** Uhlenbruck-HIRTE § 130 Rn 13 f.
114 MK-KIRCHHOF § 129 Rn 148; DAMPF KTS 98, 157; **aA** BGHZ 129, 336, 343: anfechtbar sei der „Gesamtvorgang".
115 InsO-RegE 157.
116 Ausdrücklich auf § 32a S. 1 KO oder § 135 Nr. 1 InsO gestützt nur OLG Stuttgart NZG 98, 997 (Sicherheitsabtretung); KG Berlin ZInsO 06, 1268; OLG München WM 02, 617; BGH WM 01, 202 (je dingliche Sicherheit).

lich herausgearbeitet, zumal bislang keine präzise Abgrenzung erforderlich war. Zu erkunden ist daher der subjektive Zweck des historischen Gesetzgebers.

### 4) Entstehungsgeschichte

§ 135 InsO beruht auf § 32a KO, der als Teilkodifikation der Kapitalersatz-Rechtsprechung durch Art. 8 Nr. 1 GmbHGuaÄndG eingefügt wurde. Vom Regierungsentwurf der Novelle zuerst in § 32b I, II GmbHG-E vorgesehen, wurde die Regelung vom Rechtsausschuss in § 32a KO-E verschoben und konsolidiert. Zwar meinte der Ausschuss, er „übernimmt den Regelungsgehalt … des Regierungsentwurfs",[117] verkürzte dabei aber den Normaufbau erheblich.

§ 32b I GmbHG-E hatte „Sicherung oder Befriedigung" ebenso gleichgestellt wie noch heute §§ 130 f. InsO, § 32b II GmbHG-E hingegen die Anfechtung der „dem Gläubiger gewährten Befriedigung" auf ein Jahr beschränkt, weil „davon ausgegangen werden [kann], dass dies nicht mehr im Hinblick auf ein drohendes Konkursverfahren geschehen ist."; das sollte für die „Bestellung [!] einer [wohl: dinglichen] Sicherheit" nicht gelten, weil „das Darlehensgeschäft noch nicht abgewickelt" sei, solange der Gesellschafter sich „zum Nachteil der übrigen Gesellschaftsgläubiger aus der Sicherung befriedigen" könne.[118]

Damit war für die spezielle Situation kapitalersetzender Darlehen eine Regel-Ausnahme-Struktur vorgezeichnet, die sich später geradezu umkehrte: statt der negativen Formulierung in § 32b II GmbHG-E „nicht mehr… wenn" formulierte § 32a KO positiv „wenn", und die gedachte Regelfrist von 30 Jahren wurde in § 41 I 3 KO zur Ausnahme von der Jahresfrist § 41 I 1 KO derogiert. Die Verkürzung der „nicht mehr als zeitgemäß angesehenen"[119] Frist auf zehn Jahre durch § 135 InsO verschleierte diese Zusammenhänge weiter.

Stützt man die Auslegung des § 135 InsO auf jene historischen Zweckerwägungen, muss § 135 Nr. 1 InsO den Einheitstatbestand „Sicherung oder Befriedigung" einschließlich der nicht bedachten Grenzfälle zwischen dinglicher Sicherung und Rückzahlung erfassen, § 135 Nr. 2 InsO dagegen als Ausnahme verstanden werden für alle Geschäfte außer dinglichen Sicherheiten, die bereits voll abgewickelt sind. Nur, aber immerhin, in diesen liegt eine „Befriedigung".

### dd. Ergebnis: Befriedigung iSv § 135 I Nr. 2 InsO-E

Aufsteigende Darlehen werden durch Verrechnung ständig im laufenden Geschäftsverkehr abgewickelt, der Mutter wird keine Sicherheit für die Insolvenz „bestellt". Demnach liegt eine „Befriedigung" iSv § 135 I Nr. 2 InsO-E vor.[120]

---

117 BT-Drs 8/3908, 81.
118 NovRegE 41.
119 InsO-RegE 160 f; **krit** HUBER/HABERSACK BB 06, 6 Fn 28.
120 Ebenso für §§ 32a f GmbHG iRv Bankkonten HERMANNS BB 94, 2365.

## b.  Risiko der Akkumulation von Rückzahlungspflichten

Ein weiteres durch die Rechtsprechungsregeln verdecktes Problem ist die mögliche Akkumulation von Rückzahlungspflichten nach Anfechtung.

### aa.  Problemaufriss

Jedes einzelne aufsteigende Darlehen kann bisher nach § 31 I GmbHG und §§ 143 I 1, 135 InsO zurückzugewähren sein. Zugleich sind absteigende Darlehen gem. § 39 I Nr. 5 InsO nachrangig, also praktisch verloren (vgl. §§ 174 III, 187 II 2 InsO). Um dieses doppelte Verlustrisiko der Mutter aufzufangen, wird vorgeschlagen, absteigende Darlehen mit der Zweckbindung zu begeben, zunächst etwaige Rückgewähransprüche aus § 31 I GmbHG zu tilgen.[121]

Dieser Wille der Mutter dürfte zwar auch ohne Zweckbindung zu erkennen sein, §§ 133, 157 BGB. Jedoch ist zweifelhaft, ob die vorgeschlagene Lösung nur den Anspruch aus § 31 I GmbHG oder auch die Ansprüche aus §§ 143 I 1, 135 InsO beseitigt. Künftig sind jedenfalls nur noch letztere denkbar, und zwar erst ab Insolvenzeröffnung, weshalb eine frühere Anrechnung leerliefe.

Demnach muss die Mutter alle angefochtenen Darlehen grundsätzlich zurückgewähren, ohne dass ihre Leistungen an die Tochter berücksichtigt werden.

### bb.  Ansätze zur Begrenzung der Rückzahlungspflicht

### 1)  Keine Begrenzung (Saldensumme)

Sinnt man §§ 143, 135 InsO primär die Massemehrung zugunsten der Gläubiger an,[122] scheint nichts wünschenswerter als die Anhäufung aller Rückgewähransprüche. Nun erreicht aber der stete Liquiditätsfluss im *cash pool* Summen, die die Sachgerechtigkeit unbegrenzter Akkumulation fragwürdig werden lassen:

Die Jahresfrist des § 135 I Nr. 2 InsO-E umfasst 365 Transaktionen. Von statistischen Mittelwerten ausgehend, wäre die Hälfte davon aufsteigend, und zwar je in Höhe des halben Kreditrahmens. Damit übersteigt die Summe der durchschnittlichen Rückgewähransprüche den vereinbarten Kreditrahmen 90-fach!

Zwar folgen die Darlehen der Tochter gerade vor der Insolvenz nicht zwingend statistischen Mittelwerten; das Gegenteil ist aber ebenso wenig zwingend.

### 2)  Voller Kreditrahmen

Als Alternativansatz ist deshalb bislang eine Besinnung auf die Kapitalersatzwertung denkbar, den Gesellschafter an seiner Finanzierungsentscheidung festzuhalten. Wenn die Mutter in der CPA einen Kreditrahmen festlegt, will sie ihre Finanzierungsverantwortung gerade begrenzen.[123] Sie muss dann zwar stets

---

[121]  RITTSCHER 141.
[122]  So zB Smid-ZEUNER § 135 Rn 2.
[123]  RITTSCHER 141; ähnl HERMANNS BB 94, 2365.

damit rechnen, dass die Tochter den vollen Kreditrahmen ausschöpft; mehr als diesen will die Mutter aber, wenn sie keine Überziehung duldet, nicht gewähren.

Ähnlich könnte sich die Anfechtbarkeit des vollen Kreditrahmens künftig mit der Figur des gewillkürten Eigenkapitalersatzes (sog. Finanzplankredit) begründen lassen.[124] Dagegen spricht aber, wie gegen die bisherige Umqualifizierung des vollen Kreditrahmens, dass die CPA nichts verbindlich zusagt – die Mutter kann sie kündigen (s.o. 3.a.bb.) statt das abgerufene Darlehen zu gewähren.

Deshalb sind jedenfalls nur die tatsächlich gewährten Darlehen zu betrachten.

**3)  Durchschnittssaldo**

Der BGH hat das fortlaufende Stehenlassen von Forderungen in Höhe des durchschnittlich offenen Forderungssaldos für kapitalersetzend gehalten,[125] denn nur der auf gewisse Dauer stehengelassene Betrag könne wie ein Kredit zum Bestandteil der Unternehmensfinanzierung werden; der Rest sei als kurzfristiger Überbrückungskredit jeweils nicht kapitalersetzend.

**4)  Höchstsaldo**

Der BGH irrt insoweit, als er mit dem Argument, nur der „fortlaufend bestehenbleibende" Kredit werde verstrickt,[126] zwar den *geringsten*, nicht aber den *durchschnittlichen* Saldo trifft. Ohnehin liegt der Fall hier anders, denn während dem BGH eine nur geduldete Überziehung vorlag, werden aufsteigende Darlehen gezielt gewährt. Mit der Kapitalersatzwertung liegt dann in jeder Gewährung eine neue Finanzierungsentscheidung, an der die Mutter so festzuhalten ist, als wäre die Tochter gleich nach Gewährung insolvent geworden.[127] Folglich wäre der Nennwert des höchsten aufsteigenden Darlehens verstrickt.[128]

Gleiches müsste ohne Kapitalersatz begründbar sein. Damit das Kontokorrentverhältnis zur Tochter die Mutter nicht grundlos privilegiert, muss der Insolvenzverwalter auch einzelne Darlehen des letzten Jahres isoliert anfechten dürfen. Dann aber kann er sich auch für das höchstwertige entscheiden.

**cc.  Ergebnis: Begrenzung auf das höchste aufsteigende Darlehen**

Nur das höchste im letzten Jahr gewährte aufsteigende Darlehen ist als Deckung iSv § 143 I 1 InsO-E „erlangt"[129] und ggf. zurückzugewähren.

Dass dieses Ergebnis sachgerecht ist, bestätigt § 14 II öEKEG.

---

[124]  Dazu FAßBENDER 117 ff mit gleichem Ergebnis wie hier.
[125]  BGH NJW 95, 457 (Ls 1); zust GROß WuB II C § 32a 3.95; HAAS DStR 00, 1484; JOHLKE/SCHRÖDER HdbKapErsR Rn 5.51.
[126]  BGH NJW 95, 457, 458.
[127]  OLG Celle NZG 00, 104, 105.
[128]  Dafür auch L/H-LUTTER/HOMMELHOFF §§ 32a,b Rn 106.
[129]  **aA** RITTSCHER 143: restriktive Auslegung von § 135 InsO.

## 5. Rechtspolitische Bewertung der Jahresfrist § 135 I Nr. 2 InsO-E

Die Frist in § 135 Nr. 2 InsO gilt vielen als zu kurz. In den Reformen durch GmbHGuaÄndG 1980, InsO 1994 und MoMiG 2008 mahnten namhafte Stimmen an, sie zu verlängern.[130] Der Gesetzgeber hat sich mit diesen Forderungen nie befasst, die Praxis beharrte nicht darauf. Denn neben den Rechtsprechungsregeln mit ihrer langen Verjährung analog § 31 V 1 GmbHG war § 135 Nr. 2 InsO stets ein „Mauerblümchen"[131] – praktisch bedeutungslos.[132]

Trotz Abschaffung der Rechtsprechungsregeln behält Art. 9 Nr. 8 MoMiG die Jahresfrist bei. Nun könnte man die Erörterung der sachgerechten Frist einer weiteren *lex ferenda* überlassen.[133] Indes muss § 135 InsO-E im Kontext der §§ 129 ff. InsO-E ausgelegt und ggf. *praeter legem* mit anderen Anfechtungsfristen abgestimmt werden. Daher ist zu ergründen, welche Frist sachgerecht ist.

### a. Meinungsstand: 10 / 5 / 4 / 3 / 2 / 1 Jahr(e) oder 6 Monate?

Für 10 Jahre wird angeführt, die Mutter benachteilige andere Gläubiger wissentlich wie in § 133 I InsO und der Gleichlauf von §§ 135 Nr. 1, 133 I InsO belege, dass der Gesetzgeber § 135 für einen Sonderfall von § 133 InsO hält.[134]

Überwiegend gilt der Kapitalersatz zwar nicht als Unrechtshaftung,[135] aber auch der wertende Vergleich mit § 31 V 1 GmbHG kann 10 Jahre nahelegen.[136] Bisher gilt diese Frist ohnehin – ohne wissenschaftlich fundierten Widerspruch.

Unter wiederum stärkerer Betonung der Vorsatzwertung halten andere 3 Jahre wie in §§ 826, 195 BGB für angemessen.[137]

Dagegen der Vergleich mit der Vorsatzvermutung §§ 133 II, 138 InsO spreche für 2 Jahre.[138] Wie §§ 135 IV, 39 V InsO-E richten sich §§ 133 II 1, 138 II Nr. 1 Var. 4 InsO an unternehmerische Teilhaber und erfassen Erfüllungsgeschäfte[139] sowie Mitwirkungen an der Aufrechnung,[140] also Befriedigungshandlungen. § 135 I Nr. 2 InsO-E sperre daher § 133 II InsO als *lex specialis* und privilegiere, ohne Fristangleichung, höher beteiligte Gesellschafter grundlos.[141]

---

130 SCHMIDT ZIP 81, 697; ALTMEPPEN NJW 05, 1914; HOMMELHOFF VGR 06, 135; Beschl. 20 DJT, P144.
131 SCHMIDT ZIP 06, 1929.
132 Vgl HUBER InsRHdb Rn 50.13; RÜMKER HdbGesR3 Rn 52.66; **aA** HOMMELHOFF/KLEINDIEK FS GmbHG 432 f.
133 Dafür wohl VETTER DJT P122.
134 HÄSEMEYER Rn 30.60,62.
135 So schon SCHMIDT ZIP 81, 691; **aA** REINER FS Boujong 443.
136 HIRTE DJT P32.
137 THIESSEN ZIP 07, 259; ähnl KALLMEYER GmbHR 04, 380.
138 ALTMEPPEN NJW 05, 1914; KLEINDIEK DJT P63.
139 BGH NJW 90, 2687, 2688; Smid-ZEUNER § 133 Rn 20.
140 MK-KIRCHHOF § 133 Rn 40.
141 BAYER/GRAFF DStR 06, 1657; BORMANN DB 06, 2618; **aA** GEHRLEIN BB 08, 853.

§§ 133, 138 InsO dienen dem Insiderschutz, wie § 136 I InsO.[142] Nur dessen Jahresfrist sei aber iRv § 135 InsO angemessen, weil auch Insider die Insolvenz nicht länger vorhersehen könnten.[143] Als systematische Parallele missbilligen §§ 135 f. InsO mit der Gewährung bzw. Abrede eine andere als die jeweils angefochtene Rechtshandlung.[144] Zudem hat § 135 Nr. 2 InsO seine Frist aus § 342 I HGB entlehnt[145] – dem Vorläufer von § 136 InsO (ex § 237 I HGB)!

Für 5 Jahre hingegen spräche der Vergleich mit §§ 64 II 2, 43 IV GmbHG,[146] der Verjährung der Gesellschafterhaftung[147] oder gar § 14 III öEKEG.

Ohne schlüssige Begründung wird schließlich angeregt, die Frist auf 4 Jahre zu verlängern, was „nach der Wertung des § 134 InsO … nicht ausgeschlossen" sei,[148] oder umgekehrt die Fristen des § 135 InsO zu „halbieren", damit sie „einem Vergleich mit § 131 InsO standhalten".[149]

**b.     Rechtfertigung der geltenden Jahresfrist?**

Der MoMi-Gesetzgeber verhält sich zu all dem nicht. Anhaltspunkte gibt nur ein im MoMiG rezipiertes Thesenpapier aus der Wissenschaft, wonach die dauernde Unsicherheit Gesellschafter erheblich belaste, während die Gesellschaft nicht auf rückgeführte Mittel angewiesen sei, ohne die sie ein Jahr aushalte.[150] Missbräuchen sei durch Vorsatzanfechtung statt Kapitalersatz zu begegnen.[151]

Auch andere sehen bei längerer Frist den Gläubigerschutz überbetont;[152] nur ein Jahr dürfe „im Regelfall vor einer Insolvenz als kritisch gesehen werden".[153]

**c.     Stellungnahme**

**aa.     Verschiedene Fristen – verschiedene Wertungen**

Die als sachgerecht empfundene Frist variiert mit der jeweils betonten Funktion einer Sonderbehandlung von Gesellschafterdarlehen.

Neben den oben angedeuteten – Sanktion für Rechtsmissbrauch durch duldende Unterkapitalisierung, funktionales Eigenkapital, angemessene Risikoverteilung trotz Doppelrolle des Gesellschafters, Insiderschutz – kursieren viele weitere Begründungsansätze für den sog. Kapitalersatz.[154]

---

142    Smid-ZEUNER § 136 Rn 1; B/H/M-HOPT § 236 Rn 6.
143    BK-HAAS § 136 Rn 2.
144    MK-STODOLKOWITZ/BERGMANN § 136 Rn 14; für § 135: BECK 357 f.
145    SCHMIDT ZGR 80, 578.
146    So HAAS DJT E81 Fn 395.
147    Dafür SCHRÖDER/GRAU ZInsO 07, 355 mit §§-Liste in Fn 24.
148    So FISCHER ZIP 04, 1483.
149    KALLMEYER StN B.II.4.
150    HUBER/HABERSACK BB 06, 5.
151    HUBER/HABERSACK BB 06, 6; **krit** THIESSEN ZIP 07, 255.
152    SCHIFFER BB 06, B.7, 16; GK-HENCKEL § 135 Rn 22.
153    DAV-HRA StN Rn 105.
154    Ausf BUCK 85 ff; BECK 99 ff; **krit** MEILICKE GmbHR 07, 226 ff.

Nach herrschender Auffassung begründet keine jener Wertungen allein, sondern nur ihre Gesamtheit die vom Kapitalersatz sanktionierte „Verantwortung für eine ordnungsgemäße Unternehmensfinanzierung".[155]

### bb. Auf welcher Wertung beruht § 135 InsO-E?

Fraglich ist, ob das trotz Verzichts auf die Kapitalersatzfunktion gültig bleibt.

Zwar soll das MoMiG den Kapitalersatz durch ein „neues Konzept" ersetzen,[156] doch seine „näher dran"-Lösung[157] ist statt als Abschaffung ebenso als Erweiterung der Kapitalersatzlösung begreifbar.[158] Nichts anderes als mit dem MoMiG würde mit einer unwiderleglichen Vermutung im Jahr vor dem Insolvenzantrag erreicht – die der BGH schon bisher praktiziert, wenn das Darlehen einmal kapitalersetzend war.[159]

Damit bleibt es letztlich und entscheidend bei der Sonderbehandlung von Gesellschafterdarlehen im Umfeld der Insolvenz – ob man das Kapitalersatz nennt oder nicht. Die Wertungsgrundlagen werden nicht weniger komplex; eine bloße Orientierung an anderen Anfechtungstatbeständen hilft nicht weiter.

### cc. Positive Begründung einer sachgerechten Frist

Damit ist noch nicht gesagt, dass die vorgefundene Jahresfrist angemessen ist.

Die karge gesetzliche Begründung, es könne „davon ausgegangen werden", dass Befriedigungen vor Jahresfrist nicht im Hinblick auf eine drohende Insolvenz erfolgt seien (s.o. bei Fn. 118) enthält nun im Subtext das Eingeständnis des Gesetzgebers, keine angemessene Frist setzen, sondern nur die vorgefundene Rechtswirklichkeit typisieren zu wollen. Damit tritt der Gerechtigkeitsanspruch der geschriebenen[160] Norm hinter ihre Praktikabilität zurück[161] und entscheidend ist, ob ein Jahr in der Rechtswirklichkeit genügt, um insolvenzmotivierte Gläubigerschädigungen auszuschließen.

Das ist wissenschaftlich „nicht belegt".[162] Zwar war die Jahresfrist in der Rechtsprechung 1959–1999 in gut 4 % der Fälle zu kurz;[163] über die außerforensische Praxis ist aber nichts bekannt. Damit beruht jeder Zweifel nur auf subjektivem Erfahrungsschatz. Dass einerseits die Kreditunwürdigkeit „nicht selten deutlich länger als ein Jahr vor dem Insolvenzantrag" zutage trete,[164] ist ebenso pauschal wie dass es andererseits „nun mal nicht dem Normalfall [ent-

---

155    BGHZ 90, 370, 389; L/H-LUTTER/HOMMELHOFF §§ 32a,b Rn 3; KAROLLUS FS Claussen 201 ff.
156    RegE 136.
157    GRUNEWALD StN 8; NOACK DB 06, 1480.
158    So SCHÄFER DStR 06, 2087; BORK ZGR 07, 268; KLEINDIEK DJT P64.
159    BGHZ 90, 370, 381; WM 06, 579 (Ls).
160    EIDENMÜLLER FS Canaris II 60: Einzelfallkorrektur ungeschrieben *praeter legem*.
161    Vgl SCHMIDT GmbHR 07, 1077.
162    BORK ZGR 07, 265.
163    THIESSEN ZIP 07, 254.
164    DAV-IRA StN 9; SCHRÖDER/GRAU ZInsO 07, 355.

spreche], dass bereits zwei Jahre vor Insolvenzantragstellung die Insolvenz ... absehbar ist"[165].

### d.   Ergebnis: Reine Bauchentscheidung

Ohne eine empirische Untersuchung[166] bleibt die Frist also reine Bauchentscheidung. Gesetzliche Fristen allein aufgrund einer solchen zu ändern, widerspräche indes der Kontinuität der Rechtsordnung;[167] der MoMi-Gesetzgeber tat also gut daran, ohne neue Erkenntnisse die Frist unberührt zu lassen.

Als Folgefrage hier nicht zu erörtern ist, ob eine Befristung der Vielgestaltigkeit der Fälle überhaupt je gerecht werden kann oder ob die Lösung nicht (ggf. ergänzend) in Beweislastregeln gesucht werden sollte – mag man, wie § 14 III öEKEG, dem Insolvenzverwalter den Beweis[168] oder dem Gesellschafter den Gegenbeweis ermöglichen,[169] oder beides kombinieren.[170]

### IV.   ZUSAMMENFASSUNG IN THESEN

1.  Neben Kapital- und Existenzschutz reformiert das MoMiG auch die für das *cash pooling* brisante Sonderbehandlung von Gesellschafterdarlehen.

2.  Der Verzicht auf die Kapitalersatzfunktion beseitigt schwierige Abgrenzungsfragen, schafft aber kaum neue Risiken, die nicht auch angemessen durch das Bargeschäftsprivileg § 142 InsO-E begrenzt wären.

3.  Der Wegfall der Rechtsprechungsregeln ruft gerade in der Konstellation des *cash pooling* ehemals praktisch belanglose Fragen auf.

4.  Aufsteigende Darlehen gewähren der Mutter Befriedigung iSv § 135 I Nr. 2 InsO-E für ihre absteigenden Darlehen.

5.  Nur der Nennwert des höchsten aufsteigenden Darlehens in der Jahresfrist ist „erlangt" iSv § 143 I 1 InsO-E.

6.  Das MoMiG hat die Jahresfrist in § 135 I Nr. 2 InsO-E zu Recht nicht geändert, da neue empirische Erkenntnisse fehlen.

7.  Das MoMiG ist kein „Todesstoß" für das *cash pooling* – die vom Gesetzgeber unbedachten Probleme lassen sich praxisnah dogmatisch lösen.[171]

---

[165]  HAAS StN 37.
[166]  Dafür CAHN AG 05, 224.
[167]  DAV-HRA StN Rn 105.
[168]  HAAS DJT E81.
[169]  KLEINDIEK ZGR 06, 358; SPINDLER JZ 06, 846.
[170]  Vgl HADDICK ZGR 06, 422 f; LIEDER DNotZ 07, 414.
[171]  Das Manuskript wurde am 6.10.2008 abgeschlossen.

# Verzeichnis der zitierten Literatur

Zitierweise jeweils in Parenthese; nachgestellte Zahlen sind Seitenangaben, wenn nicht anders angegeben.

*Altmeppen*, Holger: Eigentumsvorbehalt und Eigenkapitalersatz, Zeitschrift für Wirtschaftsrecht 1995, S. 26-28
– ALTMEPPEN ZIP 95 –

Kapitalersatz und Rangrücktritt unter Geltung der InsO, Zeitschrift für das gesamte Handelsrecht und Wirtschaftsrecht Bd. 164, 2000, S. 349-374
– ALTMEPPEN ZHR 00 –

Zur Frage, ob eigenkapitalersetzende Gesellschafterleistungen im Überschuldungsstatus zu passivieren sind und zur Haftung des Geschäftsführers einer GmbH, Zeitschrift für Wirtschaftsrecht 2001, S. 240-242
– ALTMEPPEN ZIP 01 –

Änderungen der Kapitalersatz- und Insolvenzverschleppungshaftung aus deutsch-europäischer Sicht, Neue Juristische Wochenschrift 2005, S. 1911-1915
– ALTMEPPEN NJW 05 –

Die Grenzen der Zulässigkeit des Cash Pooling. Zugleich Besprechung BGH v. 16. 1. 2008 - II ZR 76/04, ZIP 2006, 665, Zeitschrift für Wirtschaftsrecht 2006, S. 1025-1035
– ALTMEPPEN ZIP 06 –

*Ammelung*, Ulrich und *Kaeser*, Christian: Cash-Management-Systeme in Konzernen, Deutsches Steuerrecht 2003, S. 655-660
– AMMELUNG/KAESER DStR 03 –

*Baumbach*, Adolf (Begr.), *Hopt*, Klaus J. und *Merkt*, Hanno: Handelsgesetzbuch mit GmbH & Co., Handelsklauseln, Bank- und Börsenrecht, Transportrecht (ohne Seerecht), 33. Aufl., München 2008
– B/H/M-BEARBEITER –

*Baumbach*, Adolf (Begr.), *Hueck*, Alfred u.a.: GmbH-Gesetz. Gesetz betreffend die Gesellschaften mit beschränkter Haftung, 18. Aufl., München 2006
– B/H-BEARBEITER –

*Bayer*, Walter und *Graff*, Simone: Das neue Eigenkapitalersatzrecht nach dem MoMiG, Deutsches Steuerrecht 2006, S. 1654-1659
– BAYER/GRAFF DStR 06 –

*Bayer*, Walter und *Lieder*, Jan: Der Entwurf des MoMiG und die Auswirkungen auf das Cash-Pooling. Zur Rechtslage de lege lata und Überlegungen de lege ferenda, GmbH-Rundschau 2006, S. 1121-1129
– BAYER/LIEDER GmbHR 06 –

*Beck*, Simon Markus: Kritik des Eigenkapitalersatzrechts. Zugleich ein Beitrag zur Stärkung des insolvenzrechtlichen Gläubigerschutzes (Diss. Frankfurt 2005/06), Frankfurt 2006
– BECK –

*Bezzenberger*, Tilman: Kapitalersetzende Gesellschafterdarlehen im Recht der GmbH, S. 23-58 in: Westermann/Mock (Hsg.), Festschrift für Gerold Bezzenberger zum 70. Geburtstag am 13. März 2000. Rechtsanwalt und Notar im Wirtschaftsleben, Berlin 2000
– BEZZENBERGER FS Bezzenberger –

*Blöse*, Jochen: Cash-Management-Systeme als Problem des Eigenkapitalersatzes, GmbH-Rundschau 2002, S. 675-678
– BLÖSE GmbHR 02 –

*Bork*, Reinhard: Zahlungsverkehr in der Insolvenz, Köln 2002
– BORK –

Kontokorrentverrechnung und Bargeschäft, S. 57-72 in: Gerhardt/Haarmeyer/Kreft (Hsg.),
Insolvenzrecht im Wandel der Zeit. Festschrift für Hans-Peter Kirchhof zum 65. Geburtstag,
Recklinghausen 2003
– BORK FS Kirchhof –

Genussrechte in der Überschuldungsbilanz, S. 47-62 in: Crezelius/Hirte/Vieweg, Festschrift für
Volker Röhricht zum 65. Geburtstag. Gesellschaftsrecht, Rechnungslegung, Sportrecht, Köln 2005
– BORK FS Röhricht –

Abschaffung des Eigenkapitalersatzrechts zugunsten des Insolvenzrechts?, Zeitschrift für
Unternehmens- und Gesellschaftsrecht 2007, 250-270
– BORK ZGR 07 –

*Bormann*, Michael: Kapitalerhaltung bei Aktiengesellschaft und GmbH nach dem Referentenentwurf zum
MoMiG, Der Betrieb 2006, S. 2616-2621
– BORMANN DB 06 –

*Braun*, Eberhard: Insolvenzordnung (InsO). Kommentar, 3. Aufl., München 2007
– Braun-BEARBEITER –

*Breutigam*, Axel (Begr.), *Blersch*, Jürgen, *Goetsch*, Hans-W. und *Haas*, Ulrich: Insolvenzrecht. Kommentar der
InsO und der InsVV mit Schriftsätzen und Mustern für die Insolvenzrechtspraxis (Losebl.), Berlin
1998, Stand April 2008
– BK-BEARBEITER –

*Buck*, Christian: Die Kritik am Eigenkapitalersatzgedanken (Diss. Konstanz 2005), Baden-Baden 2006
– BUCK –

Bundesverband der Deutschen Industrie e.V. und Gesamtverband der Deutschen Versicherungswirtschaft
e.V.: Gemeinsame Stellungnahme von BDI und GDV zum Referentenentwurf eines Gesetzes zur
Modernisierung des GmbH-Rechts und zur Bekämpfung von Missbräuchen (MoMiG), 4.10.2006,
abrufbar unter www.bdi-online.de/de/fachabteilungen/4701.htm
– BDI/GDV StN –

*Burg*, Michael und *Westerheide*, Stefan: Praktische Auswirkungen des MoMiG auf die Finanzierung von
Konzernen, Betriebs-Berater 2008, S. 62-65
– BURG/WESTERHEIDE BB 08 –

*Burgard*, Ulrich: Cash Pooling und Existenzgefährdung, S. 45-68 in: Gesellschaftsrechtliche Vereinigung
(Hsg.), Gesellschaftsrecht in der Diskussion 2002. Jahrestagung der Gesellschaftsrechtlichen
Vereinigung, Köln 2003
– BURGARD VGR 02 –

*Cahn*, Andreas: Gesellschafterfremdfinanzierung und Eigenkapitalersatz, Die Aktiengesellschaft 2005,
S. 217-227
– CAHN AG 05 –

*Claussen*, Carsten P.: Die GmbH braucht eine Deregulierung des Kapitalersatzrechts, GmbH-Rundschau
1996, S. 316-327
– CLAUSSEN GmbHR 96 –

*Dampf*, Peter: Die Rückführung von Kontokorrentkrediten in der Unternehmenskrise und ihre
Behandlung nach KO und InsO, Konkurs-, Treuhand- und Schiedsgerichtswesen 1998, S. 145-174
– DAMPF KTS 98 –

*Dauner-Lieb*, Barbara: Die Existenzvernichtungshaftung - Schluss der Debatte?, Deutsches Steuerrecht 2006, S. 2034-2041
– Dauner-Lieb DStR 06 –

*Deckart*, Christian: Kapitalerhaltung als Grenze des Cash Pooling (Diss. Augsburg 2005), Hamburg 2006
– Deckart –

Deutscher Anwaltverein e.V., Handelsrechtsausschuss: Stellungnahme zum Regierungsentwurf eines Gesetzes zur Modernisierung des GmbH-Rechts und zur Bekämpfung von Missbräuchen (MoMiG), abrufbar unter www.anwaltverein.de als Stellungnahme Nr. 43/07, abgedruckt in: Neue Zeitschrift für Gesellschaftsrecht 2007, S. 735-743
– DAV-HRA StN –

Deutscher Anwaltverein e.V., Insolvenzrechtsausschuss: Ergänzende Stellungnahme zum Referentenentwurf (Stand 29. Mai 2006) eines Gesetzes zur Modernisierung des GmbH-Rechts und zur Bekämpfung von Missbräuchen (MoMiG). Ergänzung der Stellungnahme des Deutschen Anwaltvereins Nr. 06/07, Berlin 2007, abrufbar unter www.anwaltverein.de als Stellungnahme Nr. 25/07
– DAV-IRA StN –

*Eckardt*, Diederich: Kreditsicherung versus Insolvenzanfechtung. Zur Anfechtung globaler Kreditsicherheiten, dargestellt anhand des AGB-Pfandrechts der Banken, Zeitschrift für Wirtschaftsrecht 1999, S. 1417-1426
– Eckardt ZIP 99 –

*Eichholz*, Rainer: Das Recht konzerninterner Darlehen (Diss. Darmstadt 1992), Berlin 1993
– Eichholz –

*Eickmann*, Dieter: Heidelberger Kommentar zur Insolvenzordnung, Heidelberg 2006
– HK-Bearbeiter –

*Eidenmüller*, Horst: Gesellschafterdarlehen in der Insolvenz, S. 49-70 in: Heldrich/Prölss/Koller/ Langenbucher/Grigoleit/Hager/Hey/Neuner/Petersen/Singer (Hsg.), Festschrift für Claus-Wilhelm Canaris zum 70. Geburtstag, Band 2, München 2007
– Eidenmüller FS Canaris II –

*Faßbender*, Karl-Josef: Cash Pooling und Kapitalersatzrecht im Konzern (Diss. Düsseldorf 2004), Berlin 2004
– Faßbender –

*Fischer*, Gero: Krisenbewältigung durch Insolvenzrecht, Zeitschrift für Unternehmens- und Gesellschaftsrecht 2006, S. 403-418
– Fischer ZGR 06 –

*Fischer*, Michael: Die Verlagerung des Gläubigerschutzes vom Gesellschafts- in das Insolvenzrecht nach „Inspire Art", Zeitschrift für Wirtschaftsrecht 2004, S. 1477-1486
– Fischer ZIP 04 –

*Fleischer*, Holger: Eigenkapitalersetzende Gesellschafterdarlehen und Überschuldungsstatus, Zeitschrift für Wirtschaftsrecht 1996, S. 773-779
– Fleischer ZIP 96 –

Zum Rangrücktritt - Passivierungspflicht für eigenkapitalersetzende Gesellschafterleistungen bei Fehlen eines Rangrücktritts, Juristenzeitung 2001, S. 1191-1193
– Fleischer JZ 01 –

*Flesner*, Patrick: Die GmbH-Reform (MoMiG) aus Sicht der Akquisitions- und Restrukturierungspraxis, Neue Zeitschrift für Gesellschaftsrecht 2006, S. 641-648
– FLESNER NZG 06 –

*Fuhrmann*, Lambertus: Kreditgewährung an Gesellschafter: Ende des konzernweiten Cash-Managements?, Neue Zeitschrift für Gesellschaftsrecht 2004, S. 552-555
– FUHRMANN NZG 04 –

*Gebhard*, Joachim: Kapitalersetzende Gesellschafterdarlehen: Stehenlassen als Gewähren i. S. des § 32a GmbHG?, Der Betrieb 1984, S. 1385-1387
– GEBHARD DB 84 –

*Gehrlein*, Markus: Kein Sonderrecht für Cash-Pool-Zahlungssysteme bei Begleichung der GmbH-Stammeinlage, Monatsschrift für deutsches Recht 2006, S. 789-790
– GEHRLEIN MDR 06 –
Die Existenzvernichtungshaftung im Wandel der Rechtsprechung, Wertpapier-Mitteilungen 2008, S. 761-769
– GEHRLEIN WM 08 –
Die Behandlung von Gesellschafterdarlehen durch das MoMiG, Betriebs-Berater 2008, S. 846-854
– GEHRLEIN BB 08 –

*Gerhardt*, Walter: Zur Insolvenzanfechtung eines Vergleichs iS des § 779 BGB, Konkurs Treuhand Sanierung - Zeitschrift für Insolvenzrecht 2004, S. 195-203
– GERHARDT KTS 04 –

*von Gerkan*, Hartwin: Zur Umqualifizierung stehengelassener Gesellschafterkredite zu Eigenkapitalersatz, GmbH-Rundschau 1996, S. 400-403
– V.GERKAN GmbHR 96 –

*Gessler*, Ernst: Die GmbH-Novelle, Betriebs-Berater 1980, S. 1385-1391
– GESSLER BB 80 –

*Goette*, Wulf: Cash-Pooling bei der Kapitalaufbringung - verdeckte Sacheinlage. Anm. zu BGH, Urt. v. 16. 1. 2006 (II ZR 76/04), Deutsches Steuerrecht 2006, S. 767-768
– GOETTE DStR 06 –
Einlagezahlung bei Einbindung der Gesellschaft in ein konzernweites Kredit- und Dispositionsverfahren. Anm. zu BGH, Beschl. v. 12. 7. 1999 (II ZR 111-98), Deutsches Steuerrecht 1999, S. 1451-1452
– GOETTE DStR 99 –
Öffentliche Anhörung zum MoMiG (BT-Drs.16/6140) am 23. Januar 2008, Stellungnahme für den Rechtsausschuss des Deutschen Bundestags vom 15.1.2008
abrufbar unter www.bundestag.de/ausschuesse/a06/anhoerungen/28_MoMiG/04_Stellungnahmen
– GOETTE StN –

*Groß*, Wolfgang: Umqualifizierung von Lieferantenkrediten in ein kapitalersetzendes Gesellschafterdarlehen. Anm. zu BGH, 1994-11-28, II ZR 77/93, Entscheidungssammlung zum Wirtschafts- und Bankrecht II C, § 32a GmbHG 3.95
– GROß WuB II C § 32a 3.95 –

*Grunewald*, Barbara: Cash-Pooling und Sacheinlagen: Was bringt das MoMiG, was könnte es bringen?, Wertpapier-Mitteilungen 2006, S. 2333-2336
– GRUNEWALD WM 06 –
Stellungnahme zum Gesetz zur Modernisierung des Gmbh-Rechts [sic] und zur Bekämpfung von Missbräuchen (MoMiG), öffentliche Anhörung „Modernisierung des GmbH Rechts" im Rechtsausschuss des Deutschen Bundestags, 23.1.2008
abrufbar unter www.bundestag.de/ausschuesse/a06/anhoerungen/28_MoMiG/04_Stellungnahmen
– GRUNEWALD StN –

*Haas*, Ulrich: Eigenkapitalersetzende Gesellschafterbürgschaft für Kontokorrentkredit. Anm. zu OLG Celle, Urt. v. 14. 7. 1999 (9 U 342-98), Deutsches Steuerrecht 2000, S. 1484 [nur dort]
– HAAS DStR 00 –

Der Normzweck des Eigenkapitalersatzes, Neue Zeitschrift für das Recht der Insolvenz und Sanierung 2001, S. 1-10
– HAAS NZI 01 –

Reform des gesellschaftsrechtlichen Gläubigerschutzes. Gutachten E für den 66. Deutschen Juristentag, München 2006
– HAAS DJT –

Das neue Kapitalersatzrecht nach dem RegE-MoMiG, Zeitschrift für das gesamte Insolvenzrecht 2007, S. 617-629
– HAAS ZInsO 07 –

Gutachterliche Stellungnahme für den VID zu insolvenzrechtlichen Aspekten des ReG MoMiG, öffentliche Anhörung „Modernisierung des GmbH Rechts" im Rechtsausschuss des Deutschen Bundestags, 23.1.2008
abrufbar unter www.bundestag.de/ausschuesse/a06/anhoerungen/28_MoMiG/04_Stellungnahmen
– HAAS StN –

*Habersack*, Mathias und *Mayer*, Christian: Zur Passivierung von eigenkapitalersetzenden Gesellschafterdarlehen und zum Schutzzweck von GmbHG § 64 Abs 2, Neue Zeitschrift für Gesellschaftsrecht 2001, S. 365-366
– HABERSACK/MAYER NZG 01 –

*Haddick*, Stefan: Bericht über die Diskussion [des Referats von Gero Fischer], Zeitschrift für Unternehmens- und Gesellschaftsrecht 2006, S. 419-424
– HADDICK ZGR 06 –

*Hamann*, Hanjo: Aufsteigende Darlehen im cash pool im System des § 135 InsO. Replik auf Klinck/Gärtner, NZI 2008, 457, Neue Zeitschrift für das Recht der Insolvenz und Sanierung 2008, im Erscheinen (voraussichtlich Heft 11)
– HAMANN NZI 08, H.11 –

*Hangebrauck*, Ralf: Kapitalaufbringung, Kapitalerhaltung und Existenzschutz bei konzernweiten Cash-Pooling-Systemen (Diss. Hamburg 2007), Frankfurt 2008
– HANGEBRAUCK –

*Häsemeyer*, Ludwig: Insolvenzrecht, 4. Aufl., Köln 2007
– HÄSEMEYER –

*Heckschen*, Heribert: Die GmbH-Reform - Wege und Irrwege, Deutsches Steuerrecht 2007, S. 1442-1451
– HECKSCHEN DStR 07 –

*Heerma*, Jan Dirk: Passivierung bei Rangrücktritt: widersprüchliche Anforderungen an Überschuldungsbilanz und Steuerbilanz?, Betriebs-Berater 2005, S. 537-544
– HEERMA BB 05 –

*Hentzen*, Matthias: Die Abgrenzung von Kapitalaufbringung und Kapitalerhaltung im Cash-Pool. Zugleich eine Anmerkung zu den BGH-Urteilen vom 16.1.2006, II ZR 75/04 und 76/04, Deutsches Steuerrecht 2006, S. 948-956
– HENTZEN DStR 06 –

*Hellwig*, Hans-Jürgen: Kapitalerhöhungen im Cash Pool, S. 163-180 in: Lutter/Scholz/Sigle (Hsg.), Festschrift für Martin Peltzer zum 70. Geburtstag, Köln 2001
– HELLWIG FS Peltzer –

*Hermanns*, Marc: Dispositionskredite als kapitalersetzende Darlehen, Betriebs-Berater 1994, S. 2363-2366
– HERMANNS BB 94 –

*Hirte*, Heribert: Bilanzierung kapitalersetzender Darlehen im Überschuldungsstatus. Bemerkungen zum Urteil des OLG Düsseldorf vom 18.2.1999, 6 U 38/98, Deutsches Steuerrecht 2000, S. 1829-1831
– HIRTE DStR 00 –

Reform des gesellschaftsrechtlichen Gläubigerschutzes. Referat für die Abteilung Wirtschaftsrecht zum 66. Deutschen Juristentag, S. P11-P44 in: Ständige Deputation des Deutschen Juristentages (Hsg.), Verhandlungen des Sechsundsechzigsten Deutschen Juristentages Stuttgart 2006, Band II/1, München 2006
– HIRTE DJT –

*Hölzle*, Gerrit: Der qualifizierte Rangrücktritt als Sanierungsmittel - und Steuerfalle?, GmbH-Rundschau 2005, S. 852-859
– HÖLZLE GmbHR 05 –

*Hommelhoff*, Peter: Für eine minimalinvasive und dennoch höchst effektive Reform des Eigenkapitalersatzrechts, S. 115-136 in: Gesellschaftsrechtliche Vereinigung (Hsg.), Die GmbH-Reform in der Diskussion. Sondertagung der Gesellschaftsrechtlichen Vereinigung, Köln 2006
– HOMMELHOFF VGR 06 –

Eigenkapital-Ersatz im Konzern und in Beteiligungsverhältnissen, Wertpapier-Mitteilungen 1984, S. 1105-1118
– HOMMELHOFF WM 84 –

*Hommelhoff*, Peter und *Kleindiek*, Detlef: Das eigenkapitalersetzende Gesellschafterdarlehen zwischen Nachschußkapital und Finanzplankredit, S. 421-446 in: Lutter/Ulmer/Zöllner (Hsg.), Festschrift 100 Jahre GmbH-Gesetz, Köln 1992
– HOMMELHOFF/KLEINDIEK FS GmbHG –

*Hormuth*, Mark W.: Recht und Praxis des konzernweiten Cash-Managements. Ein Beitrag zur Konzernfinanzierung (Diss. Darmstadt 1997), Berlin 1998
– HORMUTH –

*Huber*, Michael: Kapitalerhaltende Anfechtung (§§ 135, 136 InsO), § 50 in: Gottwald (Hsg.), Insolvenzrechts-Handbuch, 3. Aufl., München 2006
– HUBER InsRHdb –

*Huber*, Ulrich und *Habersack*, Mathias: GmbH-Reform: Zwölf Thesen zu einer möglichen Reform des Rechts der kapitalersetzenden Gesellschafterdarlehen, Betriebs-Berater 2006, S. 1-7
– HUBER/HABERSACK BB 06 –

*Hüffer*, Uwe: Kapitalersatz durch Gesellschafterdarlehen einer Landesbank und durch Landesbürgschaft im Konkurs der illiquiden GmbH. Überlegungen zur HSW-Entscheidung des BGH, Zeitschrift für das gesamte Handelsrecht und Wirtschaftsrecht Bd. 153, 1989, S. 322-341
– HÜFFER ZHR 89 –

Probleme des Cash Managements im faktischen Aktienkonzern, Die Aktiengesellschaft 2004, S. 416-422
– HÜFFER AG 04 –


*Jaeger*, Ernst (Begr.) und *Henckel*, Wolfram: Insolvenzordnung. Großkommentar, Berlin 2004-2008
– GK-BEARBEITER –

*Jäger*, Axel: Kapitalaufbringung und Haftungsrisiken in Cash-Management-Systemen von GmbH-Konzernen, Deutsches Steuerrecht 2000, S. 1653-1658
– JÄGER DStR 00 –

*Johlke*, Horst M. und *Schröder*, Jens-Sören: Erweiterungen des Grundtatbestandes, Teil 5 in: v. Gerkan/Hommelhoff (Hsg.), Handbuch des Kapitalersatzrechts, 2. Aufl., Köln 2002
– JOHLKE/SCHRÖDER HdbKapErsR –

*Joost*, Detlev: Grundlagen und Rechtsfolgen der Kapitalerhaltungsregeln in der GmbH, Zeitschrift für das gesamte Handelsrecht und Wirtschaftsrecht Bd. 148, 1984, S. 27-55
– JOOST ZHR 84 –

*Jula*, Rocco und *Breitbarth*, Carmen: Liquiditätsausgleich im Konzern durch konzerninterne Darlehen, Die Aktiengesellschaft 1997, S. 256-265
– JULA/BREITBARTH AG 97 –

*Kallmeyer*, Harald: Bereinigung der Finanzverfassung der GmbH. Vorschlag für eine GmbH-Reform, GmbH-Rundschau 2004, S. 377-383
– KALLMEYER GmbHR 04 –

Stellungnahme der Centrale für GmbH Dr. Otto Schmidt zum Referentenentwurf eines Gesetzes zur Modernisierung des GmbH-Rechts und zur Bekämpfung von Missbräuchen (MoMiG) nach dem Stand v. 29. Mai 2006, Az.: III A 2 - 3510/9-32 417/2006, abrufbar unter www.jura.uni-augsburg.de/prof/moellers/materialien/materialdateien/040_deutsche_gesetzgebungsgeschichte/momig/
– KALLMEYER StN –

*Karollus*, Martin: Probleme der Finanzierung im Konzern: Kapitalersatz und Treuepflicht, S. 199-211 in: Martens/Westermann/Zöllner (Hsg.), Festschrift für Carsten Peter Claussen zum 70. Geburtstag, Köln 1997
– KAROLLUS FS Claussen –

*Kayser*, Godehard: Insolvenzrechtliche Bargeschäfte (§ 142 InsO) bei der Erfüllung gesetzlicher Ansprüche?, Zeitschrift für Wirtschaftsrecht 2007, S. 49-55
– KAYSER ZIP 07 –

*Kerber*, Markus: Die Beurteilung von Cash-Pool-Verträgen im Lichte höchstrichterlicher Rechtsprechung. Beiläufige Notizen zum Interpretationswettbewerb um das Urteil BGH ZIP 2004, 263, Zeitschrift für Gesellschaftsrecht 2005, S. 437-449
– KERBER ZGR 05 –

*Kirchhof*, Hans-Peter, *Lwowski*, Hans-Jürgen und *Stürner*, Rolf: Münchener Kommentar zur Insolvenzordnung, München 2007
– MK-BEARBEITER –

*Klein*, Martin: Rangrücktrittsvereinbarungen - als Sanierungsinstrument ein Auslaufmodell?, GmbH-Rundschau 2005, S. 663-670
– KLEIN GmbHR 05 –

*Kleindiek*, Detlef: Krisenvermeidung in der GmbH: Gesetzliches Mindestkapital, Kapitalschutz und Eigenkapitalersatz, Zeitschrift für Unternehmens- und Gesellschaftsrecht 2006, S. 335-365
– KLEINDIEK ZGR 06 –

Reform des gesellschaftsrechtlichen Gläubigerschutzes. Referat für die Abteilung Wirtschaftsrecht zum 66. Deutschen Juristentag, S. P45-P74 in: Ständige Deputation des Deutschen Juristentages (Hsg.), Verhandlungen des Sechsundsechzigsten Deutschen Juristentages Stuttgart 2006, Band II/1, München 2006
– KLEINDIEK DJT –

*Kling*, Stephan: Forderungsverzicht mit Besserungsklausel oder Rangrücktritt? Neuere Rechtsentwicklungen des GmbH-Eigenkapitalersatzrechts nach eineinhalb Jahren InsO, Neue Zeitschrift für Gesellschaftsrecht 2000, S. 872-875
– KLING NZG 00 –

*Klinck*, Fabian und *Gärtner*, Matthias: Versetzt das MoMiG dem Cash-Pooling den Todesstoß?, Neue Zeitschrift für das Recht der Insolvenz und Sanierung 2008, S. 457-461
– KLINCK/GÄRTNER NZI 08 –

*Knof*, Béla: Modernisierung des GmbH-Rechts an der Schnittstelle zum Insolvenzrecht - Zukunft des Eigenkapitalersatzrechts, Zeitschrift für das gesamte Insolvenzrecht 2007, S. 125-133
– KNOF ZInsO 07 –

*Kremslehner*, Florian und *Polster*, Stephan: Rechtliche Aspekte von Cash Pooling Verträgen, S. 121-166 in: Polster-Grüll u.a. (Hsg.), Cash pooling. Praxis, Recht und Steuern, Wien 2002
– KREMSLEHNER/POLSTER PRS –

*Kübler*, Bruno Maria: Konzern und Insolvenz. Zur Durchsetzung konzernmäßiger Sanierungsziele an den Beispielsfällen AEG und Korf, Zeitschrift für Unternehmens- und Gesellschaftsrecht 1984, S. 560-593
– KÜBLER ZGR 84 –

*Kübler*, Bruno Maria und *Prütting*, Hanns: Das neue Insolvenzrecht. InsO/EGInsO (Losebl.), 2. Aufl. 2000, Stand 32. Lfg. April 2008
– K/P-BEARBEITER –

*Lieder*, Jan: Das neue GmbH-Recht. Zweites Symposium des Instituts für Notarrecht an der Friedrich-Schiller-Universität am 20. 4. 2007 in Jena, Deutsche Notar-Zeitschrift 2007, S. 412-418
– LIEDER DNotZ 07 –

*Lutter*, Marcus und *Hommelhoff*, Peter: GmbH-Gesetz. Kommentar, 16. Aufl., Köln 2004
– L/H-BEARBEITER –

*Maritzen*, Lars: Existenzvernichtungshaftung bei der GmbH nach „Trihotel", 2008
– MARITZEN –

*Maier-Reimer*, Georg und *Wenzel*, Axel: Kapitalaufbringung in der GmbH nach dem MoMiG, Zeitschrift für Wirtschaftsrecht 2008, S. 1449-1455
– MAIER-REIMER/WENZEL ZIP 08 –

*Mayer*, Dieter: Kapitalaufbringungsrisiken bei der GmbH im Rahmen eines sog. Cash-Pooling und Heilungsmöglichkeiten, S. 445-466 in: Hommelhoff/Rawert/Schmidt (Hsg.), Festschrift für Hans-Joachim Priester zum 70. Geburtstag, Köln 2007
– MAYER FS Priester –

*Meilicke*, Wienand: Das Eigenkapitalersatzrecht - eine deutsche Fehlentwicklung, GmbH-Rundschau 2007, S. 225-236
– MEILICKE GmbHR 07 –

*Michalski*, Lutz: Kommentar zum Gesetz betreffend die Gesellschaften mit beschränkter Haftung (GmbH-Gesetz), München 2002
– Michalski-BEARBEITER –

*Morsch*, Stephan: Probleme der Kapitalaufbringung und der Kapitalerhaltung im Cash-Pool, Neue Zeitschrift für Gesellschaftsrecht 2003, S. 97-107
– MORSCH NZG 03 –

*Müller*, Hans-Friedrich: Insolvenz ausländischer Kapitalgesellschaften mit inländischem Verwaltungssitz, Neue Zeitschrift für Gesellschaftsrecht 2003, S. 414-418
– MÜLLER NZG 03 –

*Nerlich*, Jörg und *Römermann*, Volker: Insolvenzordnung. Kommentar (Losebl.), München 1999, Stand 15. Lfg. 4/2008
– N/R-BEARBEITER –

*Noack*, Ulrich: Reform des deutschen Kapitalgesellschaftsrechts: Das Gesetz zur Modernisierung des GmbH-Rechts und zur Bekämpfung von Missbräuchen, Der Betrieb 2006, S. 1475-1483
– NOACK DB 06 –


*Oho*, Wolfgang und *Eberbach*, Christian: Konzernfinanzierung durch Cash-Pooling, Der Betrieb 2001, S. 825-830
– OHO/EBERBACH DB 01 –

*Paulus*, Christopher G.: Passivierungspflicht und Rangordnung eigenkapitalersetzender Darlehen in der Insolvenz. Besprechung des Urteils BGHZ 146, 264, Zeitschrift für Unternehmens- und Gesellschaftsrecht 2002, S. 321-331
– PAULUS ZGR 02 –

*Pentz*, Andreas: Einzelfragen zu Cash Management und Kapitalerhaltung. Zugleich Besprechung von OLG München v 24-11-2005 - 23 U 3480/05, ZIP 2006, 25, Zeitschrift für Wirtschaftsrecht 2006, S. 781-789
– PENTZ ZIP 06 –

*Priester*, Hans-Joachim: Kapitalaufbringung beim Cash Pool - Kurswechsel durch das MoMiG?, Zeitschrift für Wirtschaftsrecht 2006, S. 1557-1561
– PRIESTER ZIP 06 –


*Reiner*, Günter: Der deliktische Charakter der „Finanzierungsverantwortung" des Gesellschafters: Zu den Ungereimtheiten der Lehre vom Eigenkapitalersatz, S. 415-455 in: Ebenroth/Hesselberger/Rinne (Hsg.), Verantwortung und Gestaltung. Festschrift für Karlheinz Boujong zum 65. Geburtstag, München 1996
– REINER FS Boujong –

*Rieder*, Willibald: Methoden und Werkzeuge, S. 41-68 in: Polster-Grüll u.a. (Hsg.), Cash pooling. Praxis, Recht und Steuern, Wien 2002
– RIEDER PRS –

*Ries*, Stephan: Insolvenz(anfechtungs)recht auf dem Rückzug?, Am Beispiel des § 96 Abs.1 Nr.3 InsO und zugleich als Anmerkung zu BGH - IX ZB 235/04, Zeitschrift für das gesamte Insolvenzrecht 2005, S. 848-852
– RIES ZInsO 05 –

*Riggert*, Rainer: Zur dogmatischen Entwicklung des insolvenzrechtlichen Bargeschäfts, S. 139-158 in: Kind/Kießner/Frank (Hsg.), Unternehmenskrisen - der Jurist als Notarzt. Festschrift für Eberhard Braun zum 60. Geburtstag, München 2007
– RIGGERT FS Braun –

*Rigol*, Ruth und *Homann*, Stefan: Die Anfechtbarkeit von Gutschriften auf einem debitorischen Girokonto. Nachtrag zu BGH vom 7-3-2002 - IX ZR 223/01, ZIP 2002, 812, Zeitschrift für Wirtschaftsrecht 2003, S. 15-17
– RIGOL/HOMANN ZIP 03 –

*Rittscher*, Hauke: Cash-Management-Systeme in der Insolvenz (Diss. Köln 2006), Baden-Baden 2007
– RITTSCHER –

*Röhricht*, Volker: Die GmbH im Spannungsfeld zwischen wirtschaftlicher Dispositionsfähigkeit ihrer Gesellschafter und Gläubigerschutz, S. 83-122 in: Geiß/Nehm/Brandner/Hagen (Hsg.), Festschrift aus Anlaß des fünfzigjährigen Bestehens von Bundesgerichtshof, Bundesanwaltschaft und Rechtsanwaltschaft beim Bundesgerichtshof, Köln 2000
– RÖHRICHT FS BGH –
Insolvenzrechtliche Aspekte im Gesellschaftsrecht, Zeitschrift für Wirtschaftsrecht 2005, S. 505-516
– RÖHRICHT ZIP 05 –

*Roth*, Günter H. und *Altmeppen*, Holger: Gesetz betreffend die Gesellschaften mit beschränkter Haftung (GmbHG). Kommentar, 5. Aufl., München 2005
– R/A-Bearbeiter –

*Rümker*, Dietrich: Bankkredite als kapitalersetzende Gesellschafterdarlehen unter besonderer Berücksichtigung der Sanierungssituation, Zeitschrift für Wirtschaftsrecht und Insolvenzpraxis 1982, S. 1385-1396
– Rümker ZIP 82 –

Kapitalersetzende Gesellschafterdarlehen, § 52 in: Priester/Mayer (Hsg.), Münchener Handbuch des Gesellschaftsrechts, Band 3: Gesellschaft mit beschränkter Haftung, 2. Aufl., München 2003
– Rümker HdbGesR3 –

*Säcker*, Franz Jürgen und *Rixecker*, Roland: Münchener Kommentar zum Bürgerlichen Gesetzbuch, 5. Aufl., München 2008
– MKBGB-Bearbeiter –

*Schäfer*, Carsten: Probleme des Cash-Poolings bei Kapitalaufbringung und -erhaltung - Welche Lösung bringt das MoMiG?, Betriebs-Berater 2006, Beilage 7, S. 5-9
– Schäfer BB 06, B.7 –

Reform des GmbHR durch das MoMiG - viel Lärm um nichts?, Deutsches Steuerrecht 2006, S. 2085-2090
– Schäfer DStR 06 –

*Schiffer*, K. Jan: Alea jacta est? Praxisanmerkungen zur vorgesehenen Deregulierung des Eigenkapitalersatzrechts, Betriebs-Berater 2006, Beilage 7, S. 14-18
– Schiffer BB 06, B.7 –

*Schilmar*, Boris: Kapitalerhaltung versus Konzernfinanzierung? - Cash Pooling und Upstream-Besicherung im Lichte der neuesten BGH-Rechtsprechung, Der Betrieb 2004, S. 1411-1416
– Schilmar DB 04 –

*Schmidt*, Karsten: Fortschritte und Abstimmungsprobleme im Recht der kapitalersetzenden Gesellschafterdarlehen. Bemerkungen zur BGH-Praxis am Vorabend der GmbH-Novelle, Zeitschrift für Unternehmens- und Gesellschaftsrecht 1980, S. 567-582
– Schmidt ZGR 80 –

Gesellschafterdarlehen als Insolvenzrechtsproblem, Zeitschrift für Wirtschaftsrecht und Insolvenzpraxis 1981, S. 689-699
– Schmidt ZIP 81 –

Kapitalersetzende Bankenkredite?, Zeitschrift für das gesamte Handelsrecht und Wirtschaftsrecht Bd. 147, 1983, S. 165-194
– Schmidt ZHR 83 –

Eigenkapitalersatz und Überschuldungsfeststellung. Ein Diskussionsbeitrag gegen Fehlschlüsse aus der Insolvenzordnung, GmbH-Rundschau 1999, S. 9-15
– Schmidt GmbHR 99 –

Gesellschaftsrecht, 4. Aufl., Köln 2002
– Schmidt –

Eigenkapitalersatz, oder: Gesetzesrecht versus Rechtsprechungsrecht? Überlegungen zum Referentenentwurf eines GmbH-Reformgesetzes (MoMiG) von 2006, Zeitschrift für Wirtschaftsrecht 2006, S. 1925-1934
– Schmidt ZIP 06 –

Reform der Kapitalsicherung und Haftung in der Krise nach dem Regierungsentwurf des MoMiG. Sechs Leitsätze zu § 30 GmbHG-E, § 64 GmbHG-E und § 15a InsO-E, GmbH-Rundschau 2007, S. 1072-1080
– Schmidt GmbHR 07 –

*Schneider*, Uwe H.: Das Recht des konzernweiten Cash-Managements, § 25 in: Lutter/Scheffler/Schneider (Hsg.), Handbuch der Konzernfinanzierung, Köln 1998
– SCHNEIDER HdbKFin –

*Scholz*, Franz (Begr.): Kommentar zum GmbH-Gesetz, 10. Aufl., Köln 2006
– Scholz-BEARBEITER –

*Schön*, Wolfgang: Kreditbesicherung durch abhängige Kapitalgesellschaften, Zeitschrift für das gesamte Handelsrecht und Wirtschaftsrecht Bd. 159, 1995, S. 351-374
– SCHÖN ZHR 95 –

*Schoppmeyer*, Heinrich: Spezifische Problemfelder, Teil 7 in: Bork (Hsg.), Handbuch des Insolvenzanfechtungsrechts, Köln 2006
– SCHOPPMEYER HdbInsAnfR –

*Schröder*, Jens-Sören und *Grau*, Jörg: Plädoyer für die Krise - ein Beitrag zur geplanten Reform des Eigenkapitalersatzrechts durch das MoMiG, Zeitschrift für das gesamte Insolvenzrecht 2007, S. 353-359
– SCHRÖDER/GRAU ZInsO 07 –

*Sieger*, Jürgen J. und *Hasselbach*, Kai: Konzernfinanzierung durch Cash Pools und Kapitalerhöhung. Im Blickpunkt: Probleme der Kapitalaufbringung im Lichte internationaler betrieblicher Liquiditäts-Management-Systeme, Betriebs-Berater 1999, S. 645-651
– SIEGER/HASSELBACH BB 99 –

*Sieger*, Jürgen J. und *Wirtz*, Johannes: Cash-Pool - Fehlgeschlagene Kapitalmaßnahmen und Heilung im Recht der GmbH, Zeitschrift für Wirtschaftsrecht 2005, S. 2277-2284
– SIEGER/WIRTZ ZIP 05 –

*Smid*, Stefan: Insolvenzordnung (InsO) mit insolvenzrechtlicher Vergütungsverordnung (InsVV). Kommentar, 2. Aufl., Stuttgart 2001
– Smid-BEARBEITER –

*Spindler*, Gerald: Der Gläubigerschutz zwischen Gesellschafts- und Insolvenzrecht, Juristenzeitung 2006, S. 839-850
– SPINDLER JZ 06 –

Konzernfinanzierung, Zeitschrift für das gesamte Handelsrecht und Wirtschaftsrecht Bd. 171, 2007, S. 245-281
– SPINDLER ZHR 07 –

*Stimpel*, Walter: Zum Auszahlungsverbot des § 30 I GmbHG: Die Befreiung vom handelsbilanzrechtlichen Denken und die Unzulässigkeit von Vermögenszuwendungen an Gesellschafter gegen hinausgeschobene schuldrechtliche Ausgleichsverpflichtungen, S. 335-361 in: Lutter/Ulmer/Zöllner (Hsg.), Festschrift 100 Jahre GmbH-Gesetz, Köln 1992
– STIMPEL FS GmbHG –

*Theisen*, Manuel René: Finanzwirtschaft der Holding, § 11 in: Lutter (Hsg.), Holding-Handbuch. Recht, Management, Steuern, 4. Aufl., Köln 2004
– THEISEN HoldHdb –

*Thiessen*, Jan: Eigenkapitalersatz ohne Analogieverbot - eine Alternativlösung zum MoMiG-Entwurf, Zeitschrift für Wirtschaftsrecht 2007, S. 253-260
– THIESSEN ZIP 07 –

*Thöne*, Wolfgang A.: Behandlung der Gesellschafterdarlehen im Konkurs der Gesellschaft nach der GmbH-Novelle, Der Betrieb 1980, S. 2179-2179
– THÖNE DB 80 –

*Tillmann,* Tobias: Upstream-Sicherheiten der GmbH im Lichte der Kapitalerhaltung - Ausblick auf das MoMiG, Neue Zeitschrift für Gesellschaftsrecht 2008, 401-405
– TILLMANN NZG 08 –


*Uhlenbruck,* Wilhelm: Privilegierung statt Diskriminierung von Sanierungskrediten de lege lata und als Problem der Insolvenzrechtsreform, GmbH-Rundschau 1982, S. 141-153
– UHLENBRUCK GmbHR 82 –
Insolvenzordnung. Kommentar, 12. Aufl., München 2003
– Uhlenbruck-BEARBEITER –

*Ulmer,* Peter: Gläubigerschutz bei Scheinauslandsgesellschaften. Zum Verhältnis zwischen gläubigerschützendem nationalem Gesellschafts-, Delikts- und Insolvenzrecht und der EG-Niederlassungsfreiheit, Neue Juristische Wochenschrift 2004, S. 1201-1210
– ULMER NJW 04 –


*Vetter,* Jochen: Rechtliche Grenzen und praktische Ausgestaltung von Cash Management-Systemen, S. 69-108 in: Gesellschaftsrechtliche Vereinigung (Hsg.), Gesellschaftsrecht in der Diskussion 2002. Jahrestagung der Gesellschaftsrechtlichen Vereinigung, Köln 2003
– VETTER VGR 02 –
Konzernweites Cash Management – Rechtliche Schranken und Risiken, § 8 in: Lutter (Hsg.), Holding-Handbuch. Recht, Management, Steuern, 4. Aufl., Köln 2004
– VETTER HoldHdb –
Grundlinien der GmbH-Gesellschafterhaftung, Zeitschrift für Unternehmens- und Gesellschaftsrecht 2005, S. 788-831
– VETTER ZGR 05 –
Reform des gesellschaftsrechtlichen Gläubigerschutzes. Referat für die Abteilung Wirtschaftsrecht zum 66. Deutschen Juristentag, S. P75-P139 in: Ständige Deputation des Deutschen Juristentages (Hsg.), Verhandlungen des Sechsundsechzigsten Deutschen Juristentages Stuttgart 2006, Band II/1, München 2006
– VETTER DJT –


*Wehlen,* Erhard: Das Cash-Management im Konzern, § 23 in: Lutter/Scheffler/Schneider (Hsg.), Handbuch der Konzernfinanzierung, Köln 1998
– WEHLEN HdbKFin –

*Wenzel,* Axel: Die Fortgeltung der Rechtsprechungsregeln zu den eigenkapitalersetzenden Gesellschafterdarlehen. Eine rechtsmethodische Untersuchung (Diss. Siegen 2005), Münster 2005
– WENZEL –

*Wessels,* Peter: Cash Pooling und Upstream-Sicherheiten - Gestaltungspraxis im Lichte aktueller BGH-Rechtsprechung und anstehender GmbH-Novelle, Zeitschrift für Wirtschaftsrecht 2006, S. 1701-1709
– WESSELS ZIP 06 –

*Westerburg,* Justus und *Schwenn,* Dirk: Rangrücktrittsvereinbarung für Gesellschafterdarlehen bei der GmbH - Entwicklung zu mehr Rechtssicherheit?, Betriebs-Berater 2006, S. 501-506
– WESTERBURG/SCHWENN BB 06 –

*Wiedemann,* Herbert: Gesellschaftsrechtliche Probleme der Betriebsaufspaltung, Zeitschrift für Wirtschaftsrecht 1986, S. 1293-1294
– WIEDEMANN ZIP 86 –

*Wilhelm,* Jan: Cash-Pooling, Garantiekapital der GmbH und die GmbH-Reform, Der Betrieb 2006, S. 2729-2733
– WILHELM DB 06 –

*Wimmer*, Klaus: Frankfurter Kommentar zur Insolvenzordnung, 4. Aufl., Neuwied 2006
  – FK-BEARBEITER –


*Zeidler*, Finn: Zentrales Cashmanagement in faktischen Aktienkonzernen. Gesellschaftsrechtliche
  Probleme und Lösungen (Diss. Bayreuth 1998), Köln 1999
  – ZEIDLER –

*Zenker*, Wolfgang: Zur Frage der Rückwirkung des § 96 I Nr. 3 InsO, Neue Zeitschrift für das Recht der
  Insolvenz und Sanierung 2006, S. 16-20
  – ZENKER NZI 06 –

*Zimmer*, Daniel: Nach "Inspire Art" - Grenzenlose Gestaltungsfreiheit für deutsche Unternehmen?, Neue
  Zeitschrift für Gesellschaftsrecht 2003, S. 3585-3592
  – ZIMMER NZG 03 –

# Stichwortverzeichnis